JN301219

スポーツ認知動作学の挑戦 1

ランニングパフォーマンスを高める
スポーツ動作の創造

東京大学　教授
小林　寛道　著

株式会社 杏林書院

はじめに

　スポーツの動作は，人間の身体各部のさまざまな動きが合成されて成り立っている．それらの動きが，人間の身体構造の上から合理的であり，かつ効率的である場合には，スポーツパフォーマンスに優れることができる．

　しかし，実際のところ，一時的に優れたパフォーマンスを示す場合であっても，身体構造に即した動きでなかったり，身体の本来の動かし方とは異なった動作が行なわれていたりする場合がみうけられる．その場合には，しばらくしてスポーツ障害を生じたり，パフォーマンスの順調な向上がみられなくなることが多い．

　スポーツを行なう目的は多岐にわたっているが，スポーツはより良いパフォーマンスを追求することに大きな喜びがある．そうした喜びを高めるためには，体力の養成とともに，より合理的で効率的な動作を行なうことを考えなければならない．たとえ，体力水準に変化がなくても，技術に直結する動作を改善することによって，パフォーマンスが飛躍的に向上することも珍しくない．

　本書は，スポーツパフォーマンスを向上させるための身体の操作法に関わるものであり，人間の身体構造の特色を生かしたかたちで，合理的なスポーツ動作を実現させるための方法と，トレーニングの考え方を提示したものである．

　筋力トレーニングは，今やあらゆるスポーツを行なう上で必要であるが，これまでわれわれは，身体の外側からみえる筋や，働きが比較的はっきりしている筋を鍛えてきた．しかし，その方法は実際のスポーツ動作とは異なったかたちで行なわれることが多い．さらに，パフォーマンスを向上させるためには，体幹深層部にある筋肉を鍛えることも大切であることがわかってきた．しかし，体幹の深層筋（体深筋）については，筋電図をとることも難しいため，これまでその働きがはっきりとわからなかったので，その筋に対するトレーニングの方法も，あまり考えられてこなかった．

　「日本人のスポーツ選手は動きが固い」といわれる．それは，骨盤や脊柱，体幹部が柔軟な動きをしていないことに由来している．柔軟な体幹部の動きをともなったスポーツ動作が必要であることはこれまでに幾度も指摘されてきていた．身体感覚からみると，表層の筋は神経支配がしっかりとしているが，体幹深部の深層筋群については，体感覚があまり明確でないために，感覚的に体深筋の働きを自覚することが非常に難しい．しかし，体深筋の働きを動きの中で意識化することによって，人

間の身体は驚くほど，動きの機能を高めることができる．体深筋の働きを意識化することは，スポーツにおける動作遂行能力を著しく向上させることに直結している．

　著者である小林は，1995年にスプリント・トレーニングマシンを開発・発明して以来，多くの実践的研究をふまえて，人間の動作や身体の操作法のトレーニングがいかにパフォーマンスに大きな影響をもち，目に見えない体幹深部の筋肉を働かせることが，いかに大切であるかについて知ることになった．

　そのようなパフォーマンスを向上させるためのスポーツ動作の構築には，脳の働きを大いに生かさなければならない．普段，無意識の中に沈んでいる身体感覚を呼び覚まして，しっかりとした意識のもとで動作を創造していくことが是非とも必要である．

　本書では，こうしたスポーツ動作に関わる多くの課題を効果的に解決する方法を提示するとともに，スポーツパフォーマンスを高めるためのノウハウを示した．この書を手にしたことを契機に，スポーツのもつ奥深い楽しさを体感し，新しい知的発見をしていただければ幸いである．

　本書にまとめた研究を遂行するにあたっては，三重大学　杉田正明助教授，東京大学身体運動科学研究室　松垣紀子助手，日本体育大学　林忠男講師をはじめ，多くの小林研究室の方々や日本陸連医科学委員会の先生方の御協力，御助力を賜った．

　スプリント・トレーニングマシンをはじめ，認知動作型トレーニングマシンの試作開発には，ヴァイズメディカル株式会社　加藤　實社長，セノー株式会社開発本部製品開発部　藤崎　巖次長をはじめ技術スタッフの方々には大変お世話になった．ここに深く感謝の意を表します．

2001年10月

著者

小林　寛道

CONTENTS

第1章　ウォーキングの新技術

1．通常の歩行とエクササイズ・ウォーキング ……………………………… 2
2．競歩のウォーキング技術 …………………………………………………… 3
3．新しい視点 …………………………………………………………………… 5
4．競歩の理論的新技術のエクササイズ・ウォーキングへの応用 ……… 6
5．コアストレッチ・ウォーキング技術の理論 …………………………… 7
6．コアストレッチ・ウォーキングの特徴 ………………………………… 8
7．コアストレッチ・ウォーキングの練習法 ……………………………… 8
8．コアストレッチ・ウォーキングの研究から …………………………… 10

第2章　ランニング技術の改善

1．短距離走の成り立ち ……………………………………………………… 16
　1）100m走の最高速度について ………………………………………… 16
　2）100走の速度変化 ……………………………………………………… 19
　3）100m走のピッチとストライド ……………………………………… 21
2．身体各部位の動かし方 …………………………………………………… 24
　1）つま先，足首，膝の軌跡について …………………………………… 24
　2）足関節の動き …………………………………………………………… 25
　3）膝の屈曲伸展 …………………………………………………………… 25
　4）股関節の伸展・屈曲 …………………………………………………… 28
　5）骨盤の動きの大切さ …………………………………………………… 31
3．スプリント・トレーニングマシンからの知恵 ………………………… 32
　1）接地足と身体バランス ………………………………………………… 33
　2）着地は重心の真下に …………………………………………………… 34
　3）キック力に体重を生かす ……………………………………………… 35
　4）キック後の振り戻し動作は高い腰の位置で行なう ………………… 36
　5）走る姿勢は，垂直かやや軽い前傾姿勢が基本 ……………………… 38
　6）左右の足は常に平行に進行方向に向け，
　　　着地は踵から平踏みで行なう ………………………………………… 40
　7）骨盤や体幹部の柔軟なひねり動作がバランスを保つ ……………… 42
4．競歩の技術と短距離走技術の接点 ……………………………………… 43

5．中長距離走の技術 …………………………………… 44
　　6．ランナーと筋力トレーニング ………………………… 45
　　　　1）ハムストリングス強化トレーニングの提唱 ………… 45
　　　　2）ハムストリングスから，内転筋，大腰筋，腸骨筋へ …… 48
　　　　3）体幹部を鍛えるためのトレーニングマシン ………… 48

第3章　筋パワートレーニングの工夫

　　1．身体のパワー発生系 …………………………………… 52
　　2．パワー系を支える身体区分 …………………………… 53
　　3．パワー系を支える筋群 ………………………………… 55
　　　　1）大腿パワー系の筋群 …………………………………… 55
　　　　2）骨盤パワー系の筋群 …………………………………… 56
　　　　3）長軸体幹パワー系・斜軸体幹パワー系の筋群 ……… 58
　　　　4）肩関節パワー系の筋群 ………………………………… 60
　　　　5）上腕・前腕・手部パワー系の筋群 …………………… 61
　　　　6）下腿・足部パワー系の筋群 …………………………… 62
　　　　7）頸および後頭下の筋 …………………………………… 62
　　4．パワー発生系別の筋パワートレーニングの方法 …… 62
　　　　1）大腿・骨盤パワー系のトレーニング ………………… 64
　　　　2）長軸体幹パワー系および斜軸体幹パワー系のトレーニング … 66
　　　　3）肩関節パワー系のトレーニング ……………………… 67
　　5．伸長・短縮性筋収縮の応用 …………………………… 68

第4章　認知動作型トレーニングマシン

　　1．認知動作型トレーニングマシンの誕生 ……………… 72
　　　　1）認知動作型トレーニングマシンの特長 ……………… 73
　　　　2）認知動作型トレーニングマシン利用効果の特長 …… 73
　　　　3）認知動作型トレーニングマシンの種類 ……………… 73
　　2．スプリント・トレーニングマシン …………………… 74
　　　　1）スプリント・トレーニングマシン開発の経緯 ……… 74
　　　　2）スプリント・トレーニングマシンK-9551型（第1号機）の
　　　　　　構成と作用 …………………………………………… 76
　　　　　（1）構　　成 ……………………………………………… 76
　　　　　（2）作　　用 ……………………………………………… 77
　　　　　（3）スプリント・トレーニングマシンの利用法 ……… 79
　　　　　（4）スプリント・トレーニングマシンの実施効果 …… 82
　　3．スプリント・トレーニングマシンⅡ（走幅跳・跳躍用）……… 84
　　4．車軸移動式自転車型スプリントパワートレーニングマシン …… 85

5．舟漕ぎ動作型体幹筋力トレーニングマシン ……………… 87
6．ストラッグル動作型体幹筋力トレーニングマシン ……… 88
7．投球・投擲動作型肩関節パワートレーニングマシン …… 90
8．スローイン動作型体幹パワートレーニングマシン ……… 91
9．投擲用スウィングパワートレーニングマシン …………… 92

第5章　馬の走法の改善

1．馬体の特性 …………………………………………………… 96
2．頭部，胸部，腰殿部の役割と脚の運動軌跡 ……………… 98
3．人間の走運動動作との比較 ………………………………… 102
4．馬の走法と前肢の動作タイプ ……………………………… 103

終　章　認知動作型トレーニングの発想と手順

第1ステップ：良い動作を生み出すための身体の準備と
　　　　　　身体操作トレーニング ………………………… 106
第2ステップ：良い動作を生み出す姿勢バランスと
　　　　　　力発揮のトレーニング ………………………… 107
第3ステップ：良い動作でパワー発揮力と
　　　　　　持久力を高めるトレーニング ………………… 109
第4ステップ：良い動作での実践的トレーニング …………… 109

第 1 章

ウォーキングの新技術

歩くことは，人間にとって最も基本的な運動であるが，歩行技術については意外なほど意識されていない．しかし，歩行にはあらゆるスポーツに通じる重要な要素が秘められている．

1．通常の歩行とエクササイズ・ウォーキング

通常の歩行における理想的なかたちを模式図的に図1-1に示した．基本となる考え方は次のとおりである．

①幾何学的にみると，歩行における大腿部の運動は，大転子（大腿骨の上端部分）を回転運動の軸とした振り子型である．

②前脚の着地は踵から行なわれ，身体重心の通過時には足裏全体で体重が支持され，キックは母指球を通過する体重移動ライン上で行なわれる．

③身体重心が，体側線（横からみて地面に垂直で身体重心を通る直線）を通過する時に，膝は軽く屈曲する．

④足首（足関節）の角度変化には個人差が大きいが，正確な踵着地と母指球でのキック動作を行なおうとする時には，足首の角度は垂直に立位した場合の角度とあまり変わらない状態を保持することが望ましい．一般には足首の角度を大きく変化させて歩いている人が多い．

次にエクササイズ・ウォーキングの場合に理想的と考えられる歩行の様態を図1-2に示した．エクササイズ・ウォーキングでは，通常歩行の場合と比較して，次の特徴をもっている．

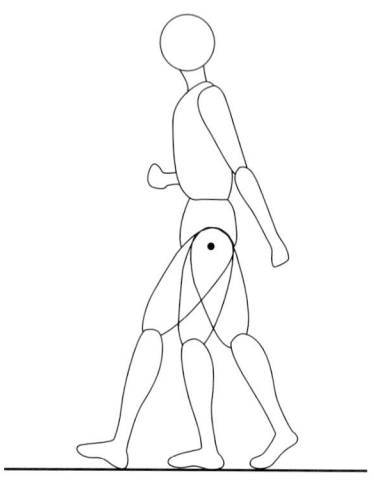

図1-1　通常の歩行形態
大転子を中心とした大腿の振り子運動．膝は軽く曲げられている．

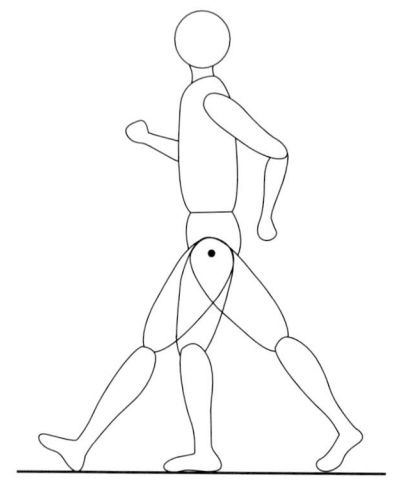

図1-2　エクササイズ・ウォーキングの形態
歩幅は広く，後脚をしっかりのばしてキックする．身体重心の体側線通過時に膝は軽く屈曲する．

① 歩幅を通常歩行の場合より広くとる．
② 通常歩行の場合より前方に着地する．この場合，膝が伸びていること，および踵着地をしっかり行なうことが，脚筋へのエクササイズ効果を高める．
③ 身体重心が体側線を通過する時，膝は自然に軽く屈曲する．腰はできるだけ高い位置に保つようにする．
④ キックは，キック脚の膝が後方で十分伸展する気持ちで行ない，母指球でしっかり地面をとらえて体全体を前方へ押すように行なう．
⑤ 足首の角度は，できるだけ立位時に近い角度を保つようにする．
⑥ 胸を張って，大きな腕振りを行なう．

2．競歩のウォーキング技術

競歩は，一定距離をできるだけ短時間で歩くことを競う競技である．競技距離には，3km，5km，10km，20km，50kmがあるが，いずれも競歩の定義に従った歩き方をしなければ失格となる．競歩の定義とは，①いずれかの足が，常に地面から離れないようにして歩く，②前脚は，接地の瞬間から垂直の位置になるまで，まっすぐに伸びていなければならない，という2点から成り立っている．競歩の審判は，審判員の観察に基づいて行なわれる．

このようなルールに従って競技が行なわれるが，実際の競技会では途中上位者も，歩型による失格ということがしばしば生じ，ウォーキング技術の難しさがこの競技の大きな特徴となっている．

競歩の定義に基づいた技術を幾何学的に解析してみると，次のように考えられる．

エクササイズ・ウォーキングの様態（図1-2）を，競歩の定義に基づいて描きなおしたものが図1-3である．

エクササイズ・ウォーキングでは，身体重心が体側線を通過する時に膝は軽く屈曲するが，競歩では，この時点において膝は伸展した状態が保たれなければならない．前脚が接地の瞬間から垂直の位置になるまでまっすぐに伸びていなければ，「ベント・ニー」として歩型違反となる．

図1-3に示したように，脚全体が大転子部位を中心軸とした振り子運動軌跡を描くと考えると，膝が伸展された状態で体側線を通過することになる．この場合，地平面は踵着地点と後方の足の離地点とを結ぶ直線上にあるので，図1-3の場合には，足

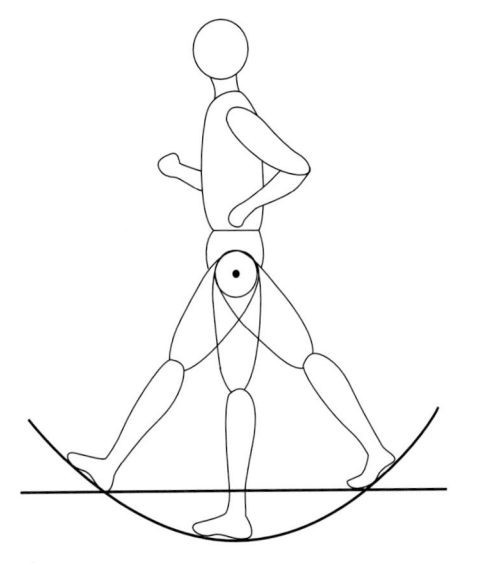

図1-3　競歩技術の模式図
大転子位置を固定して大腿をスウィングした場合

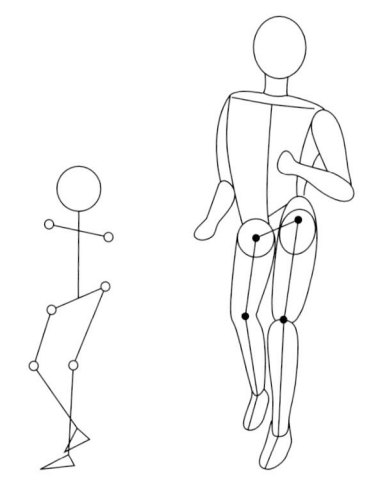

図1-4 競歩技術の模式図
身体重心の体側線通過時に膝を伸展させた姿勢をとるため，遊脚側の骨盤を低く傾ける．

首から下の足全体部分が地面にもぐり込んでしまうかたちとなる．仮に膝を伸ばしたまま地面上を移動させると，頭頂の位置が上にあがるためリフティングの反則をとられてしまう．

競歩のウォーキング技術のうちで，脚を伸展させた状態で頭頂の高さを変えず，いかに身体重心を後方から前方に移動させるか，ということが最も重要な部分であり，そのための技術の習得が課題となっている．

脚全体が着地から離地までの区間に，膝が伸展されたままの状態を保って振り子運動を行なおうとする時には，骨盤の動きによって大転子の位置を体の外側に移動させ，身体重心を後方から前方に進めなければならない．

このことを実現させるためには，**図1-4**に示したように，遊脚側の骨盤（大転子）位置を低く，支持脚側の大転子位置が高くなるように骨盤を傾けて，身体重心が体側線を通過する際の膝の伸展状態を保つようにしている．この骨盤の傾け動作が，競歩のウォーキング動作の特徴とも考えられている．競歩のウォーキング動作では，遊脚を後方から前方に振り出す時に，膝を屈曲させ，足裏が地面すれすれにフラット（地面に対して平らで平行）な状態で運び，遊脚側の骨盤が十分斜め下方に傾けられた動作をすることが大切であるとされている．遊脚の後方から前方へのスウィング動作の時に，姿勢バランスが極端に崩れない程度に大転子位置を下げることは，相対的に支持脚側の大転子位置を高く保ち，支持脚の大転子（骨盤）が必要以上に身体の中心軸から外側に離れることを防ぐ効果をもつ．大転子が身体の中心軸から外側にはずれればはずれるほど，外見的には骨盤の横方向への動きが激しくなり，極端な腰，尻部の横回転動作（ヒップローテーション）が強調されたものとなる．

エネルギー消費の立場から考えれば，大転子部の運動軌跡が身体中心軸から外側にはずれ，ヒップローテーション動作が大きくなると，エネルギー損失が大きくなり，疲労をはやめる結果となる．

1960年代のウォーキング技術は，大ストライド時代の技術といわれ，大きなストライドでしかも膝の伸展状態を保つため，大転子を身体中心軸から大きくはずしたヒップローテーションスタイルが用いられた．しかし，近年では，大転子位置を身体中心軸にできるだけ近づけて，ヒップローテーションによるエネルギー損失を少なくしようとする努力が行なわれている．しかし，そのことを意識すると，着地点をできるだけ身体重心の真下近くか，わずかに前方位置にとらざるを得ない．そのためにストライド長の減少が生じ，その損失をピッチの増加によってカバー

しようとする傾向がみられる．また，高いピッチで歩こうとするために，着地点がどうしてもますます身体重心の真下の位置に近づいてしまうという不都合も生じている．

ストライドを狭めることなく，速いピッチで歩くというウォーキング技術の課題を理論的に解決しなければならない．この点の工夫を次のように行なってみた．

3．新しい視点

これまで，脚のスウィング運動の大転子を回転軸の中心と考えることによって話しをすすめてきた．

ここで，発想を転換し，図1-5 に示すように，脚のスウィング動作の回転軸の中心が胸（胸椎：みぞおちの部位）の高さにあると考えてみよう．

胸の高さには，背柱の胸椎が存在する．

解剖学的に，胸椎は腰椎よりも水平回転運動範囲が大きく，股関節を固定した場合には胸部の運動範囲（捻りの範囲）は腰部より大きい．

胸部の水平ローテーション運動範囲が大きいことを利用して，脚部のスウィング運動の中心軸が大転子を中心としたものではなく，みぞおち部位の高さで生じるように動作することが可能である．そこで，「脚が胸のすぐ下から出ている」と考えるのである．

すなわち，前脚の踵着地の際，骨盤の腰部（いわゆる腰骨の部分）を同時に前方に移動させ，前脚側の胸部と踵を結ぶ直線上に，膝・腰を一緒に乗せるかたちで着地することが，ここで考える歩行動作の大切な技術上のポイントとなる．

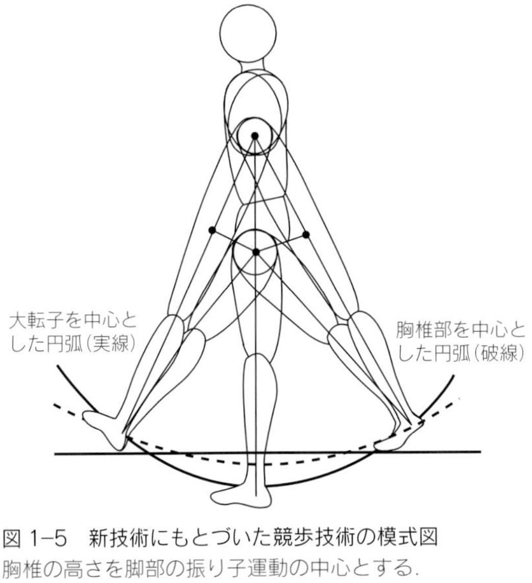

また，身体重心が支持脚上を通過する時には，体幹の柔らかな動きを利用して，腰部が前方に押し出されるように動作し，体幹全体がやや弓なりの姿勢で身体重心の後方から前方への通過を導き，さらにキック時には，体幹のひねりを利用して背中，尻，ふくらはぎの筋肉を働かせるかたちで動作する．

すなわち，脚・腰部が一本の棒と考えた場合，脚・腰のスウィング動作の中心が胸椎部であるとすれば，その中心から踵までのスウィング長（回転運動における半径）は，大転子の場合より長くなる．踵着地点とキッ

図1-5　新技術にもとづいた競歩技術の模式図
胸椎の高さを脚部の振り子運動の中心とする．

大転子を中心とした円弧（実線）
胸椎部を中心とした円弧（破線）

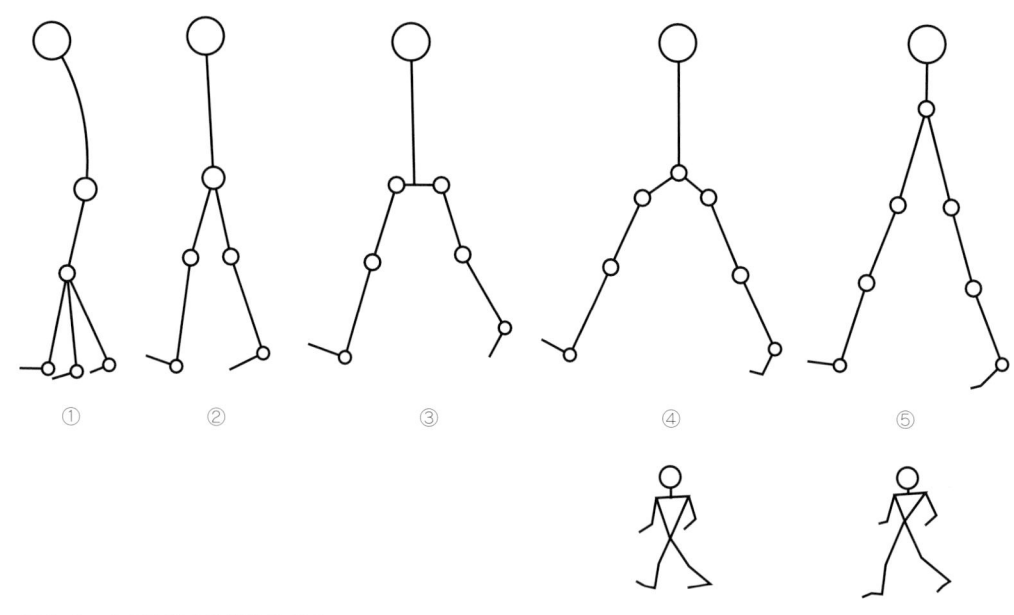

図1-6 歩行技術の段階的模式図
①好ましくない通常歩行　　②好ましい通常歩行　　③エクササイズ・ウォーキング
④従来型レースウォーキング　　⑤新理論型レースウォーキング（コアストレッチ・ウォーキング）

ク時のくるぶし部位の模型理論的移動軌跡を描くと，大転子を振り子運動の中心とした場合より，胸椎部を振り子運動の中心とした場合に，振り子の半径が長い分だけ下方にはみ出す部分が少ない（大きな回転円弧となるため，水平面からはみ出す部分が少ない）．

　すなわち，胸椎部を振り子運動の中心とすることによって，体幹のひねり動作をともなった柔軟性を利用し，身体中心線から左右横に腰骨（大転子）が離れるかたちでの骨盤運動は行なう必要がなく，スムーズな動きの中で身体重心を接地中に後方から前方に移動させることができる．この動作を用いることにより，踵着地をかなり前方位置で行なっても，スウィングの円弧が大きいのでスムーズに体を移動させることができる．

　また，このウォーキング技術を用いれば，競歩における推進力を体幹の背面の筋をややひねったかたち（斜め方向へのストレッチ）で働かせることによって，歩行運動がより全身的な力を有効に利用できるかたちとなる．

4．競歩の理論的新技術のエクササイズ・ウォーキングへの応用

　図1-6にウォーキングの段階を模式図的に示してみた．
　①は通常歩行で，あまり好ましくない歩行スタイルである．股関節の

写真 1-1　世界一流競歩選手の技術
（先頭 D. ガルシア選手・メキシコ・1997年アテネ世界陸上選手権大会 20 km W優勝者）
（撮影　小林寛道　於；メキシコオリンピック委員会トレーニングセンター CDOM，1998）

運動範囲が小さく，膝から下の下腿部の移動が主となるパターンである．

②は好ましい歩行とされるかたちで，背筋が伸びた姿勢で踵着地および後方で地面を押すかたちとなっている．

③はエクササイズ・ウォーキングの場合を示している．ストライドは大きく，股関節の運動範囲は大きい．踵着地と後方での地面のキック動作が行なわれる．

④競歩のウォーキング技術（従来型）の場合で，エクササイズ・ウォーキングの場合より股関節運動範囲が広く，さらに骨盤の左右前後斜めの動き（骨盤のひねり動作；つづみ型）が加わる．

⑤ここで提唱するウォーキング技術の場合で，胸椎部が脚・腰運動の基点となる．この場合には，踵，膝，腰，胸椎を結んだ線が直線を形成するかたちとなり，背筋（背中）がややひねられて腰が前方へ出されるかたちとなる．この時，骨盤が身体中心軸に対して前脚の着地には内旋，後脚のキック時に外旋されたかたちとなる．

5．コアストレッチ・ウォーキング技術の理論

前項の⑤に示したウォーキング技術は，現在世界一流競歩選手にとり入れられている歩型に近いものである．

従来，四肢の運動については，いろいろな角度から検討が加えられてきたが，体幹部の利用については，動作学的な観察や，技術面の分析でも注目されることが少なかった．

例えば，走運動や歩行運動でも，骨盤の使い方，腰の使い方について認識の程度が低かったように考えられる．

近年，運動選手（スプリント種目）では，股関節の伸展筋群である大殿筋やハムストリングス（大腿二頭筋，半腱様筋，半膜様筋）ばかりでなく，内転筋をはじめ骨盤の動きをコントロールする大腰筋や腸骨筋の

発達の程度が，競技成績と関係をもつことがMRI画像などによって明らかにされつつある．

ここで示したウォーキング技術の理論は，腰の使い方に特徴があり，腰を上手に使うことで，ウォーキング技術の改善と競技成績の向上に有効であると同時に，健康増進のためのウォーキング技術としても利用価値が高い．

そこで，このような競歩のウォーキング技術を含んだエクササイズ・ウォーキングを「コアストレッチ・ウォーキング」と名付けた（1998）．

コアとは，体幹の芯の部分を意味し，体幹の筋群（体深部を含む）がひねり動作によって引き伸ばされることから，コアストレッチの名称が生まれた．

6．コアストレッチ・ウォーキングの特徴

①身体全体を大きく，柔らかく，スムーズに使う．
②踵，膝，腰，胸を通るラインが直線となるように着地する．
③足首を背屈させたかたちで踵着地し，地面をしっかりとらえる．足首の角度はできるだけ一定（約90度）に保つようにする．
④全身が弓なりのかたちになるようにして身体重心を通過させる．
⑤キックは，膝，腰が伸びた姿勢で地面をしっかり押す．母指球の部分を意識する．
⑥脚のスウィングの支点は胸椎部位である．
⑦腕振りは，腰が前方へ押し出されるタイミングで，胸を張り気味に行なう．両肩の位置をやや高めに保ち，肩甲骨が滑らかに背面へ移動する感じで腕全体を振る．
⑧ウォーキングの動作によって，膝の裏側，大腿前面上部，殿部，腰部，背面部および体幹芯部（コア部分）がストレッチされながらスムーズに活動する感覚を味わうことができるように歩く．

7．コアストレッチ・ウォーキングの練習法

コアストレッチ・ウォーキングは，体幹部がひねられてストレッチされる運動形態をすることから，内臓の働きを活発化したり，身体の柔軟性を増し，肩こりや腰痛の予防にも効果的であることが確かめられている．また，後述するように，スプリントランナーや長距離ランナーにとっても，速く走るための基本的身体操作としてコアストレッチ・ウォーキングは極めて重要なものである．

ところが，理論は理解できても，実際にどのようにコアストレッチ・

ウォーキングの方法を身につけたら良いか，という質問が多い．そこで，最も効果的な練習法を例示する．

コアストレッチ・ウォーキングの技術上難しい点は，「脚と腰を同時に前方に出す」という膝腰同側型動作を用いることにある．

通常の歩行は，「右足と左手」「左足と右手」を同期させて進行する斜対側動作型の運動である．このような歩行では，骨盤（腰）を大きく動かすことはない．

コアストレッチ・ウォーキングでは，「右足と右腰」または，「左足と左腰」を同時に進行させるが，胸椎の高さで体幹をひねる動作を加えるため，腕振りは通常歩行と同じ斜対側動作を行なう．すなわち，「右足・右腰と左腕」「左足・左腰と右腕」という組み合わせで動作する．

練習の過程では，まず，「ナンバ歩き」を練習する．

「ナンバ歩き」とは，右手，右足，右腰を同時に前方へ出し，次に左手，左足，左腰を同時に前方へ運ぶ歩き方で，「同側型歩行」である．

昔の日本人は，皆「ナンバ歩き」をしていたというから，やってみれば案外容易に歩くことができる．大切なのは，そのことに働く「神経コントロール」を意識することである．

「同側型歩行」では，右側の足，腰，腕，肩を前方に出すと身体の正面は左（逆時計回り）に回転するかたちになってしまう．まず，右膝・右腰を伸ばして，右踵から着地したら，その時点で右膝・右腰を固定し，胸の高さ（胸椎）で上体を水平に時計回りにひねって肩を後方に引き，両肩を進行方向に正面向きにする．そこで，右膝・右腰をまっすぐに伸ばしたまま，前足へ体重を乗り込むようにして移動させる．前足へ乗り込んだら，タイミング良く後足である左足を左腰・左肩とともに前方へ振り出す．左踵着地後に上体を水平に逆時計回りにひねって左肩を後方に引き姿勢を整える．

第2段階の練習では，右側の膝と腰を伸ばして前方に右踵で着地し，着地した瞬間に右胸を張り気味にし，右脇腹を伸ばすように右肘を大きく後方へ引く動作を加える．この時，左肘は軽く曲げてやや前方に張り出すようにする．肘の動作によって，上体を胸の高さでひねる感覚がつかめると良い．

次に，着地足に体重を移動させながら逆足である左足と左腰を前方へ振り出す．左踵が着地した瞬間に，左胸を張り気味にし，左脇を伸ばすようにして左肘を大きく後方へ引く．踵着地の際，足首の角度は直角を保つようにする．

第3段階では，タイミングよく連続した動作が行なえるようトレーニングする．少し弾むようなリズムで行なうと感覚がつかみやすい．

靴は，コアストレッチ・ウォーキングに適したものを選ぶ．理論的にみると，踵部が丸みを帯びているもの．さらに，靴底（接地面）全体が円弧状になっているものであれば歩きの効率が高くなる．

8. コアストレッチ・ウォーキングの研究から

　通常歩行とコアストレッチ・ウォーキングを行なった場合について，動作分析と筋電図解析を行なってみた．

　図1-7Aは通常歩行，**図1-7B**はコアストレッチ・ウォーキングにおけるスティック動作図である．通常歩行に比較して，コアストレッチ・ウォーキングでは，体重支持脚の膝が接地期に伸びていること，腰の回転の範囲が大きいこと，腕がやや屈曲されて大きく振られていることなどがみてとれる．

　図1-8，9は，3次元的に動作分析した結果を示しているが，コアス

図1-7A　通常歩行のスティック動作図（小林・林作図）

図1-7B　コアストレッチ・ウォーキングのスティック動作図（小林・林作図）

第 1 章 ウォーキングの新技術　11

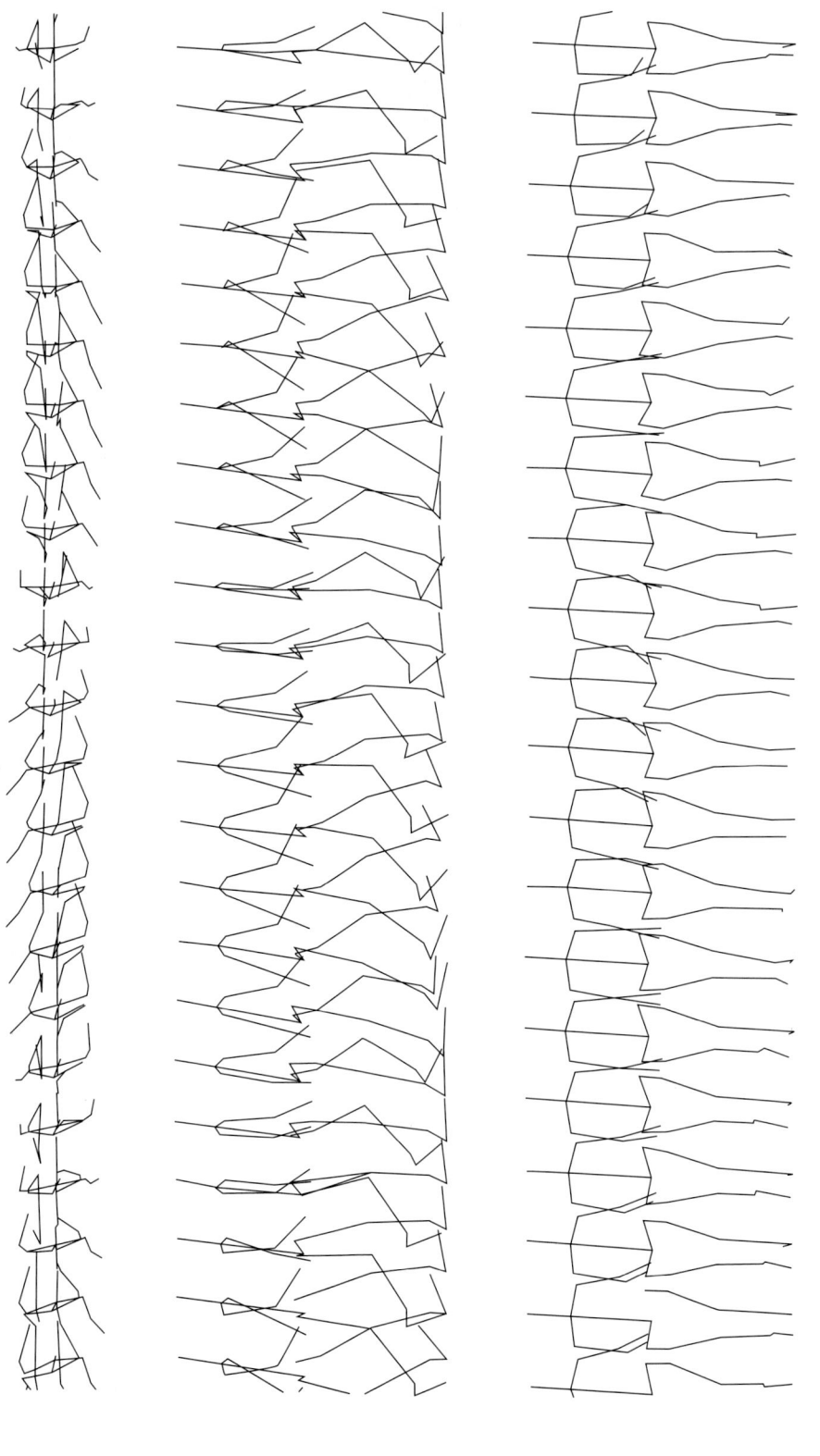

図 1-8　通常歩行の 3 次元スティック動作図（小林・林作図）
上段：上方から，中段：横から，下段：後方から

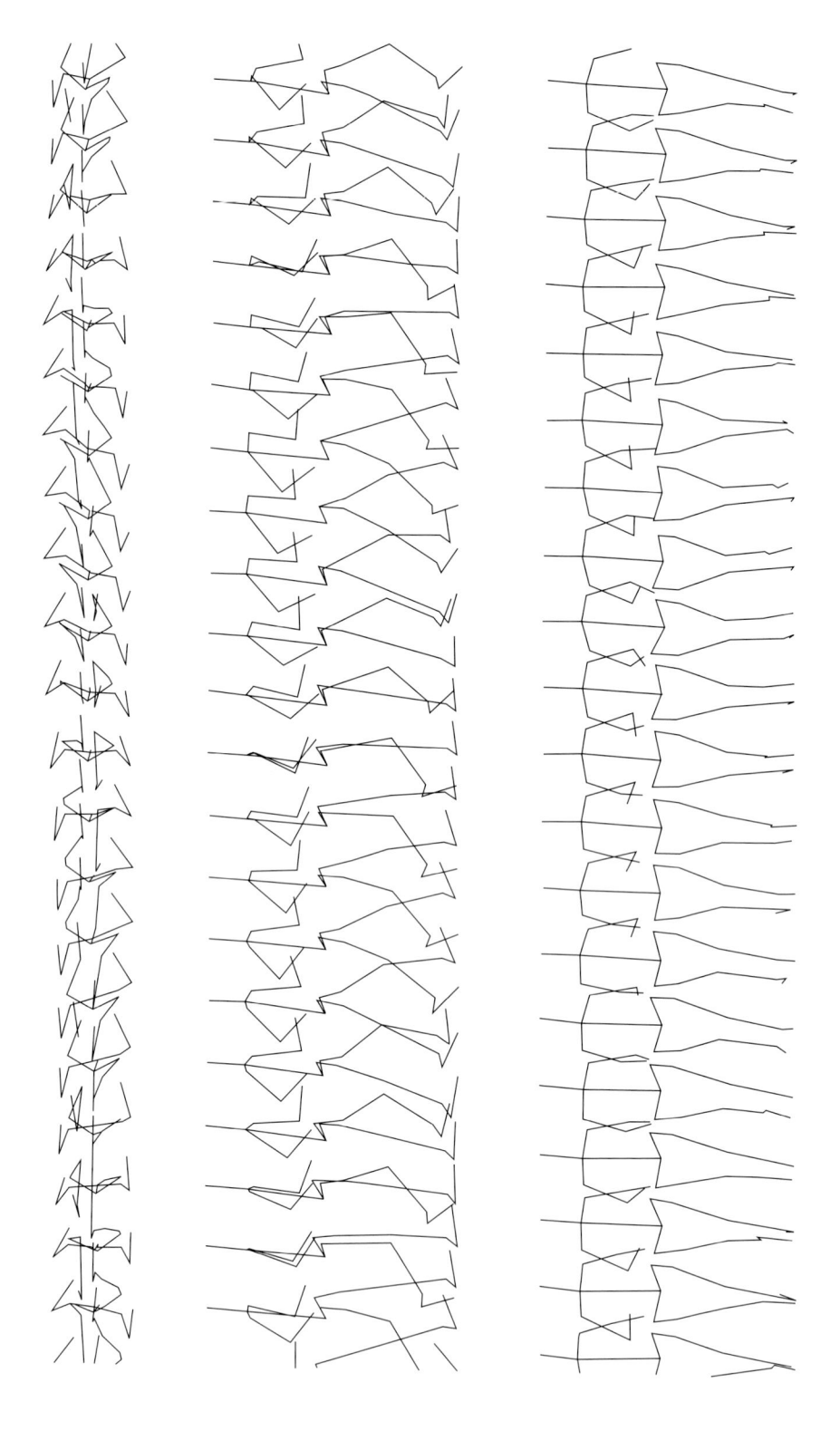

図1-9 コアストレッチ・ウォーキングの3次元スティック動作図（小林・林作図）
上段：上方から、中段：横から、下段：後方から

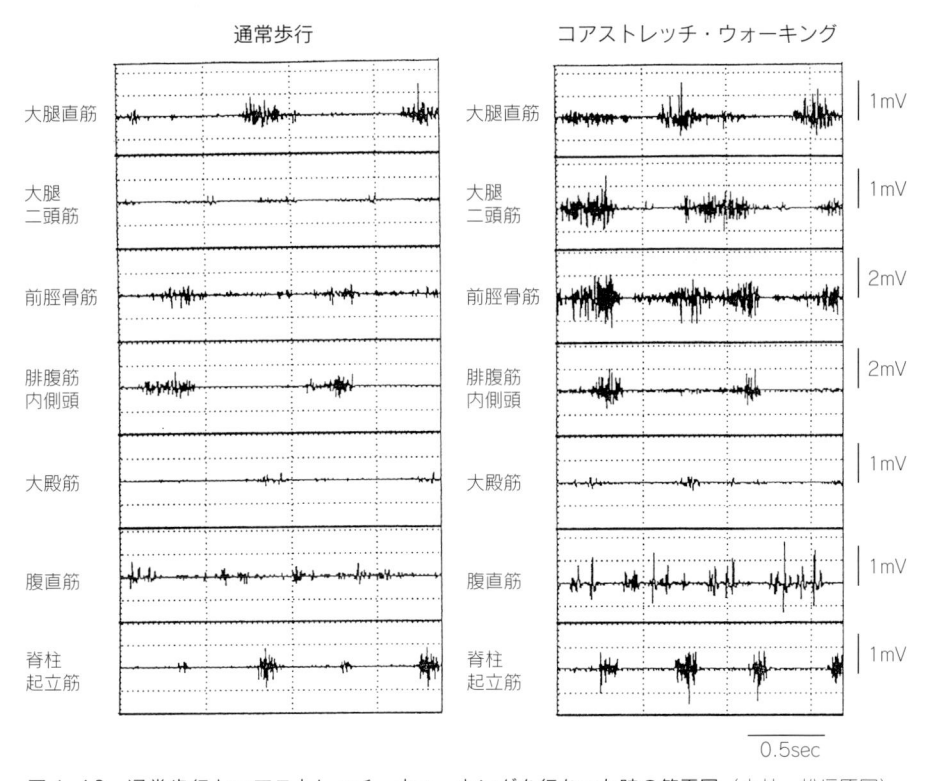

図 1-10 通常歩行とコアストレッチ・ウォーキングを行なった時の筋電図（小林・松垣原図）

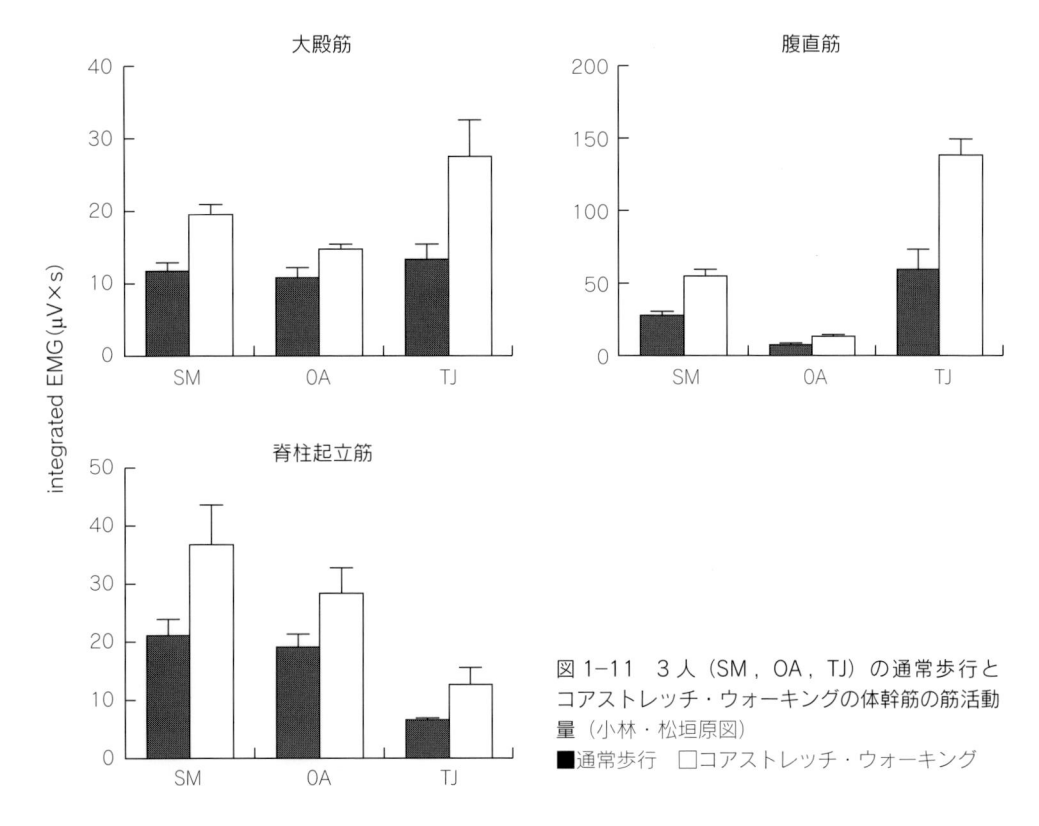

図 1-11 3人（SM，OA，TJ）の通常歩行とコアストレッチ・ウォーキングの体幹筋の筋活動量（小林・松垣原図）
■通常歩行　□コアストレッチ・ウォーキング

トレッチ・ウォーキングでは，体幹が垂直に立てられ，肘が曲げられ（中段），肩が左右に回転するように動かされ（上段），脊柱に対して骨盤が左右交互に傾けられて歩く（下段）様子が観察できる．

　図 1-10 に通常歩行とコアストレッチ・ウォーキングを行なった時の筋電図の比較を行なった．コアストレッチ・ウォーキングでは，通常歩行と比較して，大腿二頭筋，前脛骨筋，腹直筋，脊柱起立筋などの筋放電量が大きい．

　図 1-11 には，大殿筋，腹直筋，脊柱起立筋の筋放電量を 3 人の被検者について個別に比較したものであるが，いずれの被検者においても，コアストレッチ・ウォーキングで筋放電量が大きい．これらのことから，コアストレッチ・ウォーキングは，通常歩行の場合と比較して，より全身的な動きであり，体幹部の筋群を活動させた動きであることがわかる．

第 2 章

ランニング技術の改善

走ることは誰にでもできるが，上手に効率よく速く走るということには，それなりの技術が必要である．走る技術を工夫することによって，短期間のうちに走能力の改善がはかられることが少なくない．

運動会で足の遅いことが，遺伝によるものと思われているふしがあるが，必ずしもそうではない．運動会でいつもビリだった子どもが少しのランニング技術を身につけることによって，トップになることもできる．ランニング技術というものは，実に単純なようにみえて奥深いものがある．

日本人の短距離ランナーが，世界トップランナーと覇を競う可能性も芽生えてきている．知恵を生かして，ランニングの能力を向上させよう．

1．短距離走の成り立ち

1）100m走の最高速度について

短距離走で大切な4要素は，①スタートの反応時間，②加速，③最高速度，④速度の持久性，である．

このうち，日本選手に必要とされる要素は，第1に「最高速度」の向上，第2に速度の持久性である．スタートの反応時間や加速の初期では，世界トップランナーと比較して差がない．オリンピックや世界選手権大会など世界的大会の100mレース中の速度変化をとらえてみると，最高速度が出現する時点は，一般に50〜60m付近である．

ソウルオリンピック100m決勝での走行中最高速度は，ベン・ジョンソン（ドーピングで失格）12.04m/s，カール・ルイス12.04m/s，クリスティ11.90m/s，スミス11.76m/s，であった（ベン・ジョンソンの記録は，公式には抹消されているが，ここではバイオメカニクスという観点からのみ参照してみた）．女子選手では，ジョイナー10.98m/s，アシュフォード10.63m/s，ドレクスラー10.63m/s，ジャクソン10.41m/s，トーレンス10.52m/s，であった．男子ではこれらの最高速度は，50〜60m区間で出現しているが，ジョイナーは60〜90m，ジャクソンでは60〜70mと80〜90mで出現している．ソウルオリンピックでの100m記録は，ジョンソン9秒79，ルイス9秒92，クリスティ9秒97で，女子ではジョイナー10秒54，アシュフォード10秒83，ドレクスラー10秒85であった．

1991年の第3回世界陸上選手権大会100m走では，男子上位6名までが9秒台の記録で走るという高速レースとなった．走行中の速度変化も従来とはやや異なるパターンを示すようになってきた．9秒86（当時世界記録）で優勝したカール・ルイスは，40〜50m区間で11.90m/sと一旦ピーク速度に達した後，70〜80m区間で12.05m/sの最高速度

表2-1 '98日本選手権男子100m走決勝タイム分析（日本陸連科学委員会資料）
（＊10月4日，風速＋1.5m，熊本県民総合運動公園陸上競技場）

順位	レーン	氏名（所属）		10m	20m	40m	50m	60m	80m	100m
1	7	伊東浩司 （神奈川・富士通）	通過タイム（秒） 区間タイム（秒） スピード（m/秒）	1.87 1.87 5.35	2.93 1.06 9.43	4.75 1.82 10.99	5.63 0.88 11.36	6.49 0.86 11.63	8.27 1.78 11.24	10.08 1.81 11.05
2	5	大槻康勝 （神奈川・法政大）	通過タイム（秒） 区間タイム（秒） スピード（m/秒）	1.81 1.81 5.52	2.89 1.08 9.26	4.76 1.87 10.70	5.68 0.92 10.87	6.56 0.88 11.36	8.41 1.85 10.81	10.30 1.89 10.58
3	4	窪田 慎 （神奈川・ゼンリン）	通過タイム（秒） 区間タイム（秒） スピード（m/秒）	1.84 1.84 5.43	2.95 1.11 9.01	4.82 1.87 10.70	5.75 0.93 10.75	6.63 0.88 11.36	8.46 1.83 10.93	10.33 1.87 10.70
4	6	伊藤喜剛 （茨城・ユー・ドム）	通過タイム（秒） 区間タイム（秒） スピード（m/秒）	1.84 1.84 5.43	2.92 1.08 9.26	4.79 1.87 10.70	5.69 0.90 11.11	6.58 0.89 11.24	8.43 1.85 10.81	10.33 1.90 10.53
5	3	土江寛裕 （神奈川・富士通）	通過タイム（秒） 区間タイム（秒） スピード（m/秒）	1.86 1.86 5.38	2.96 1.10 9.09	4.83 1.87 10.70	5.75 0.92 10.87	6.64 0.89 11.24	8.47 1.83 10.93	10.35 1.88 10.64
6	9	昆 貴之 （新潟・福岡大）	通過タイム（秒） 区間タイム（秒） スピード（m/秒）	1.92 1.92 5.21	3.02 1.10 9.09	4.90 1.88 10.64	5.83 0.93 10.75	6.72 0.89 11.24	8.57 1.85 10.81	10.42 1.85 10.81
7	8	長島 洋 （栃木・国武大）	通過タイム（秒） 区間タイム（秒） スピード（m/秒）	1.88 1.88 5.32	2.99 1.11 9.01	4.89 1.90 10.53	5.82 0.93 10.75	6.72 0.90 11.11	8.58 1.86 10.75	10.45 1.87 10.70
8	2	増子大祐 （福島・佐藤工業）	通過タイム（秒） 区間タイム（秒） スピード（m/秒）	1.87 1.87 5.35	2.97 1.10 9.09	4.86 1.89 10.58	5.80 0.94 10.64	6.69 0.89 11.24	8.56 1.87 10.70	10.46 1.90 10.53

に達している．2位のバレルはやはり70〜80m区間で11.90m/sの最高速度に達し，3位ミッチェルは，60〜80mの20m区間を11.63m/sで走り9秒91の記録を出した．

バルセロナオリンピックで優勝したクリスティは，この大会で40〜50m区間および70〜80m区間で11.76m/sの最高速度を出し，5位のフレデリクスは，70〜80m区間で11.76m/sの最高速度を出し，9秒95を記録した．また，6位のスチュワートは40〜50m区間で11.63m/sを出し，9秒96で入賞した．

シドニーオリンピックで9秒86の記録で金メダルを獲得したモーリス・グリーンが1997年のアテネ世界陸上で優勝したときの最高速度は11.80m/sであった．

このように見てみると，100m走の記録は最高速度の高さに非常に強く影響されており，9秒台で走るためには，10m区間を最低11.63m/s以上で走る実力を備えなければならないことがわかる．また，速度の2

表 2-2　男子 100m 走レース中の最高スピード一覧（日本陸連科学委員会　資料）

	最高スピード (m/秒)	記録 (秒)	到達地点・ 区間 (m)	場所	備考
D. ベイリー	12.10	9.84	59.8	'96 Atlanta	世界記録（当時）
B. ジョンソン	12.04	9.79	50—60	'88 Seoul	Doping・失格
C. ルイス	12.04	9.92	50—60	'88 Seoul	
C. ルイス	12.05	9.86	70—80	'91 東京	
F. フレデリクス	12.00	9.94	72.4	'96 Atlanta	
A. ボルドン	12.00	9.93	85.0	'96 Atlanta	
L. クリスティ	11.90	9.97	50—60	'88 Seoul	
R. バレル	11.90	9.88	70—80	'91 東京	
F. フレデリクス	11.83	10.02	70—80	'96 TOTO	
L. クリスティ	11.76	9.92	70—80	'91 東京	
F. フレデリクス	11.76	9.95	70—80	'91 東京	
D. ミッチェル	11.63	9.91	60—80	'91 東京	
R. スチュワート	11.63	9.96	40—50	'91 東京	
D. ミッチェル	11.56	10.08	50—60	'96 TOTO	
D. ベイリー	11.56	10.14	50—60	'96 TOTO	
伊東浩司	11.63	10.08	50—60	'98 熊本	日本記録保持者
朝原宣治	11.49	10.19	70—80	'96 TOTO	
朝原宣治	11.49	10.27	40—50	'97 TOTO	
井上　悟	11.49	10.21	30—40	'91 東京	追い風参考
井上　悟	11.17	10.36	40—50	'96 TOTO	
杉本龍勇	11.11	10.47	40—50	'91 静岡	
山下徹也	11.11	10.55	60—70	'91 静岡	
山下徹也	11.11	10.56	50—70	'91 東京	

ピーク性がみられ，40〜50m 区間または 50〜60m 区間で第 1 のピークに達し，70〜80m 付近で第 2 のピークが生じるように走ることが，100m 走に勝つ「走りのテクニック」ということができる．第 1 のピークは加速から最高速度へのテクニック，第 2 のピークは最高疾走速度状態からの加速テクニックということになろう．

ちなみに，1998 年の日本選手権大会（熊本）で，10 秒 08 の好記録（当時日本タイ記録）を出した伊東浩司選手は，50〜60m 区間で 11.63m/s の最高速度をマークし，世界の 9 秒台ランナーへの足がかりをつかんだ．同大会 2 位の大槻康勝選手（10 秒 30）の最高速度は，50〜60m 区間で 11.36m/s であった（表 2-1 参照）．第 3 回世界陸上選手権大会の 2 次予選に 10 秒 21 と健闘した井上悟選手の最高速度も 50〜60m 区間で 11.36m/s であった．

表 2-2 に，これまでに記録された 100m レース中の最高速度一覧を示した．

1996 年のアトランタオリンピックで 9 秒 84 の世界新記録（当時）で優勝したドノバン・ベイリーは，59.8m 地点で 12.10m/s の最高速度を示した．これまでの最高速度と比較して，とび抜けて高い値を示してい

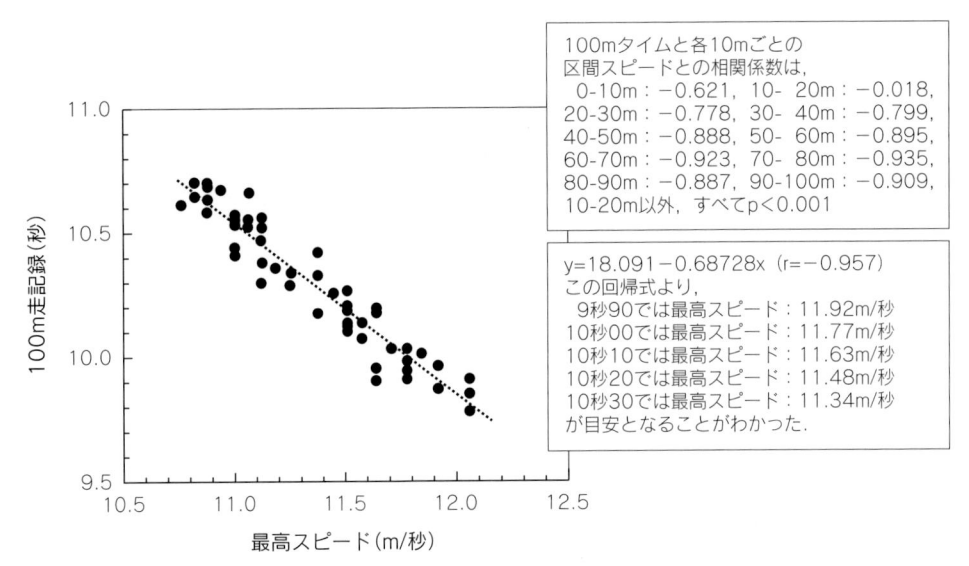

図 2−1　100m レース中の最高スピードと競技成績との関係
(日本陸連科学委員会資料より　杉田作図)

図中テキスト：

100mタイムと各10mごとの区間スピードとの相関係数は，
0-10m：−0.621，10-20m：−0.018，
20-30m：−0.778，30-40m：−0.799，
40-50m：−0.888，50-60m：−0.895，
60-70m：−0.923，70-80m：−0.935，
80-90m：−0.887，90-100m：−0.909，
10-20m以外，すべて$p<0.001$

$y=18.091−0.68728x$ ($r=−0.957$)
この回帰式より，
9秒90では最高スピード：11.92m/秒
10秒00では最高スピード：11.77m/秒
10秒10では最高スピード：11.63m/秒
10秒20では最高スピード：11.48m/秒
10秒30では最高スピード：11.34m/秒
が目安となることがわかった．

るが，これは瞬間的な速度を示したものだからである．10m区間の通過時間を規準にしてみると，やや値は低くなろう．しかし，**表2−2**から明らかなように，世界屈指のスプリンターになろうとすれば，走行中の最高速度が12.0m/s以上を出せる能力を有することが条件となろう．この点，日本選手はあと0.4〜0.5m/sの最高速度の向上をはからなければならない．

　日本陸連科学委員会の杉田正明委員の分析によれば，100mレース中の最高速度と100m走記録との間には高い相関関係がある（**図2−1**）．そして，100m走記録と各10m毎の区間スピードとの相関関係を示すと，70〜80m区間との相関が0.935と最も高く，次に60〜70m区間との相関が0.923，90〜100m区間が0.909，50〜60m区間が0.895，40〜50m区間が0.888，80〜90m区間が0.887となっている．

　また，統計的にもとめた回帰式から算出すると，9秒90を出すためには最高速度が11.92m/s，10秒00で11.77m/s，10秒10で11.63m/s，10秒20で11.48m/s，10秒30で11.34m/sの最高速度が必要である．

2) 100m走の速度変化

　図2−2に，世界と日本選手の100m走レース中の速度変化を示した．このデータは，日本陸連科学委員会がいろいろな大会で計測した結果からまとめたものである．

　カール・ルイスの速度変化に2つのピーク速度が良く観察される．朝原宣治選手が10秒19で走った時の速度変化では，第1のピークが50〜60m区間，第2のピークが70〜80m区間にあらわれており，カール・

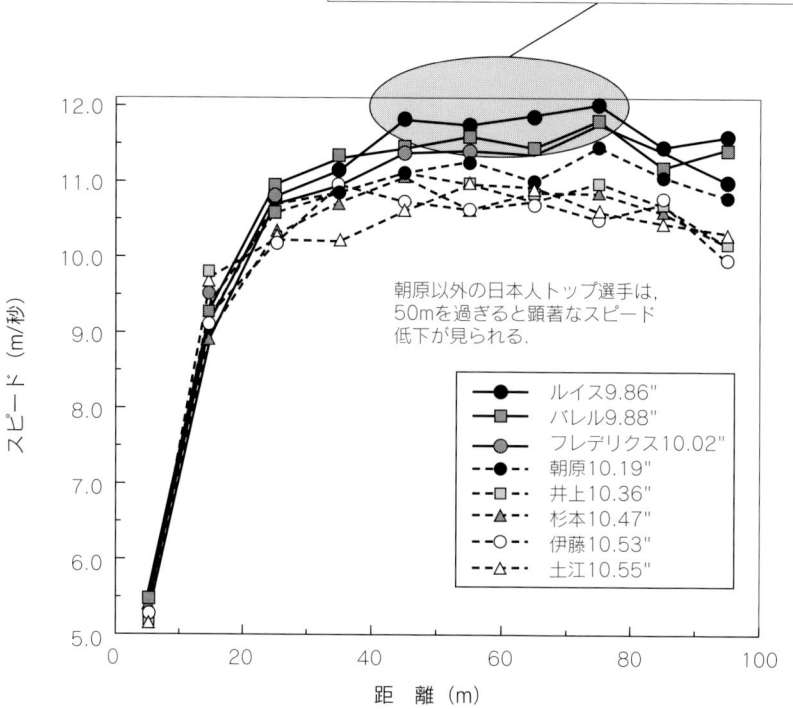

図 2-2 世界と日本人トップ選手の 100m レース中のスピード曲線
（日本陸連科学委員会資料より　杉田作図）

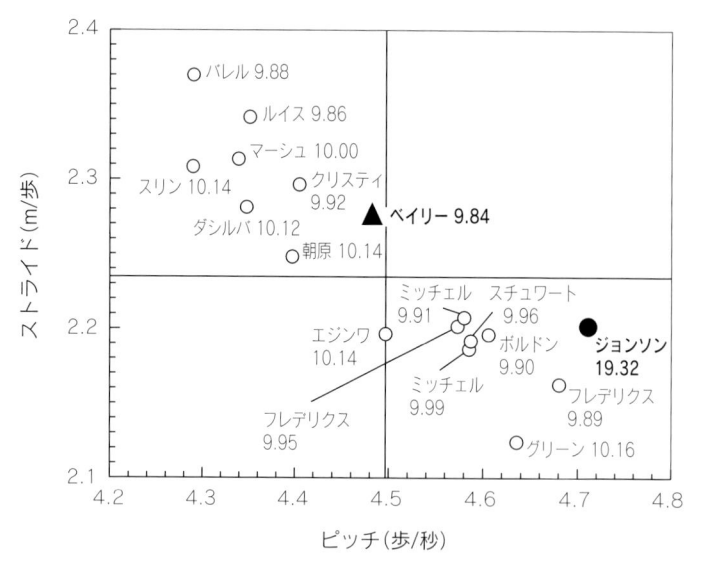

世界トップ選手は，50m〜80m区間まで高いスピードを保っている．50-80m区間の平均スピードとタイムとの間には，r=−0.970と最も密接な関係があることが認められた．

朝原以外の日本人トップ選手は，50mを過ぎると顕著なスピード低下が見られる．

ルイス9.86″
バレル9.88″
フレデリクス10.02″
朝原10.19″
井上10.36″
杉本10.47″
伊藤10.53″
土江10.55″

図 2-3　'91 東京，'96 アトランタにおける 100m 決勝進出者の平均ピッチと平均ストライド長（日本陸連科学委員会資料より　杉田作図）

表 2-3　'96アトランタ，'91東京における100m決勝進出者の平均ピッチと平均ストライド長

	順位	名前	身長(m)	体重(kg)	記録(秒)	総歩数(歩)	ピッチ(歩/秒)	ストライド長(m)	ストライド長身長比
'96アトランタ五輪	1	ベイリー	1.83	81	9.84	44.1	4.482	2.267	1.239
	2	フレデリクス	1.80	78	9.89	46.3	4.681	2.160	1.200
	3	ボルドン	1.75	85	9.90	45.6	4.606	2.193	1.253
	4	ミッチェル	1.75	75	9.99	45.8	4.585	2.183	1.262
	5	マーシュ	1.80	75	10.00	43.4	4.340	2.304	1.280
	6	エジンワ	1.84	80	10.14	45.6	4.497	2.193	1.192
	7	グリーン	1.76	73	10.16	47.1	4.636	2.123	1.206
'91東京世界選手権	1	ルイス	1.88	80	9.86	42.9	4.351	2.331	1.240
	2	バレル	1.80	82	9.88	42.4	4.291	2.358	1.310
	3	ミッチェル	1.75	70	9.91	45.4	4.581	2.203	1.259
	4	クリスティ	1.89	77	9.92	43.7	4.405	2.288	1.211
	5	フレデリクス	1.80	70	9.95	45.5	4.573	2.198	1.221
	6	スチュワート	1.78	71	9.96	45.7	4.588	2.188	1.229
	7	ダシルバ	1.85	82	10.12	44.0	4.348	2.273	1.229
	8	スリン	1.80	77	10.14	43.5	4.290	2.299	1.277
アトランタ五輪200m	1	ジョンソン	1.86	77	19.32	91.0	4.710	2.198	1.182
		平均値	1.809	77.1	9.98	47.63	4.498	2.235	1.237
		標準偏差	0.044	4.5	0.11	11.27	0.137	0.666	0.034
参考		朝原宣治	1.79	71	10.14	44.6	4.398	2.242	1.253
		伊東浩司	1.80	72	10.08	45.95	4.56	2.18	1.21

ルイスやバレルと類似のパターンを示している．しかし，絶対スピードのレベルが一段階低くなっている．世界一流選手と比較して，30～50mの加速区間での加速による最高速度の到達レベルが問題であることがわかる．

3）100m走のピッチとストライド

　高い速度を出し，さらに速度変化に対応するためには，ピッチとストライドの組み合わせが大切である（図2-3）．

　表2-3にアトランタオリンピックおよび第3回世界陸上選手権大会100m決勝レースに出場した外国人選手，10秒14で走った朝原選手，および10秒08の日本新記録（当時）で走った時の伊東選手のデータを示した．このデータは，100m走記録と走行中のピッチ数から算出したもので，平均ピッチ，平均ストライドである．アトランタオリンピックでベイリーは，9秒84の世界新記録（当時）を作ったが，この時の総歩数は44.1歩，平均ピッチは4.48歩/s，平均ストライドは2.27mであった．ベイリーは，ストライドが広いわりにはピッチのレベルが高いということができる．9秒89で走ったフレデリクスは，総歩数46.3歩と日本選手よりも多く，ストライドは2.16mと日本人選手よりも短い．しかし，ピッチが4.68歩/sと高いレベルにある．日本選手では伊東選手

◎ 記録の短縮に伴い，平均ピッチはわずかに低下しているが，平均ストライド長が増大している．

⇩

朝原選手の内省では，「後半ストライド長が伸びて走れた時は記録が良い」

図 2-4 朝原選手の 100m レース中の平均ピッチとストライド長（日本陸連科学委員会資料より　杉田作図）

朝原選手にこのデータを示したところ，「スピードは，レース中盤でいったん落として後半に加速させるイメージで走っている．中盤以降にストライド長が伸びるときは記録もよく，このデータは自分の感覚と一致する」ということであった．
　すなわち，レース中盤以降は，ピッチを低下させながらストライド長を増大させてスピードの維持・増大を図っていることが推察される．

図 2-5　朝原，井上両選手のスピード，ピッチ，ストライド長の比較（日本陸連科学委員会資料より　杉田作図）

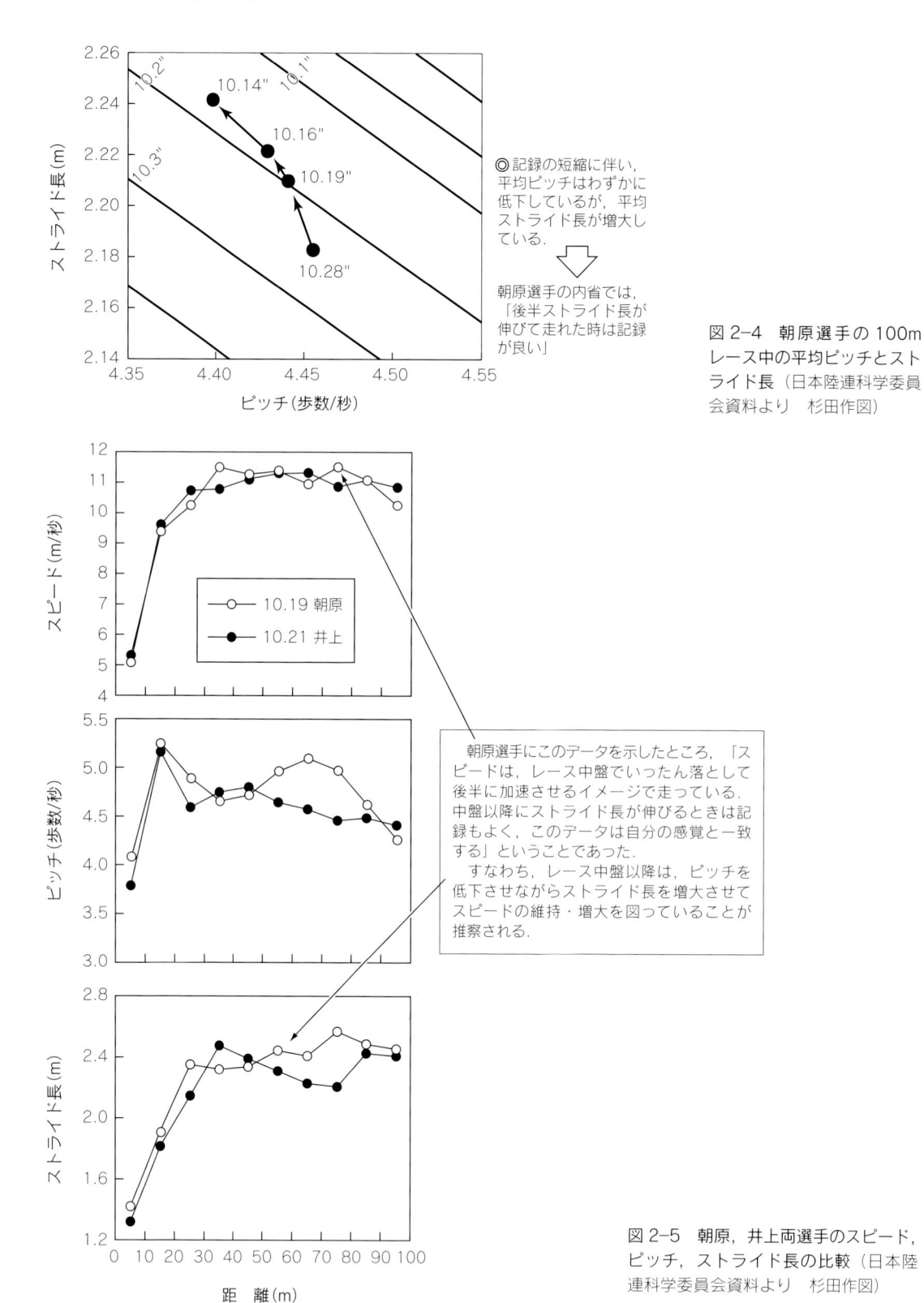

が4.56歩/sとピッチは高いが，フレデリクスのレベルとは差がある．

では，100m走において，ピッチとストライドの配分をどのようにするのが良いのか，ということが課題となる．

図2-4に，朝原選手の100mレース中の平均ピッチとストライドとの関係を示した．朝原選手が10秒28から10秒14へと記録を向上させた過程でのピッチとストライドの関係がどのように変化したかを示したものである．

朝原選手の場合は，ピッチよりも走行中のストライドを伸ばすことによって記録の更新がなされてきたことがわかる．

図2-5は，井上 悟選手が10秒21で走ったときと，朝原選手が10秒19で走ったときの速度，ピッチ，ストライドの変化を示したものである．井上選手は30〜40m区間で最高速度に達し，以後速度が減少する傾向を示したのに対し，朝原選手は70〜80m区間で最高速度を発揮している．

ピッチとストライドの変化をみると，2人の選手は対照的な組み合わせをしていることがみてとれる．特にレースの50〜80m区間では，井上選手はピッチを高めて必死にスピード維持をはかっているがストライドは短縮傾向を示している．一方，朝原選手はピッチが減少するが，ストライドを伸ばすことによって，70〜80m区間で最高速度を生み出している．

これらの分析結果を朝原選手に示したところ，「スピードは，レース中盤で一旦落として後半に加速させるイメージで走っている．レース中盤以降にストライドが伸びるときは記録も良く，このデータは自分の感覚と一致する」ということであった．

朝原選手のコメントにもあるように，これらのピッチとストライドの変化は，自然に生じているものではなく，選手自身が意識したかたちでコントロールされていることがわかる．朝原選手の場合は，レースの中盤以降でピッチは低下するが，ストライドを伸ばすことによってスピードの維持，増大をはかっている．

第3回世界陸上のバイオメカニクス分析によれば，9秒86で走った時のカール・ルイスは60〜80m区間でわずかずつピッチは低下したが70〜80m区間では急速にストライドを広げるかたちで最高速度を生じさせている．9秒88のバレルの場合は，ピッチの変化が比較的少なく，90〜100m区間でストライドを広げるかたちでゴールインしている．

これらのデータを分析してみると，100m走行中に，高い疾走速度を保ちながら，ピッチとストライドを変化させる能力を養うことが練習上のポイントとなることがわかる．高い疾走速度を保ちながら，そうした走りのテクニックを身につけることが，柔らかな動き，レースに強い動きづくりにつながってくる．では，どのようにすれば，そのような走り方が身につくのかという点を追求していく必要がある．

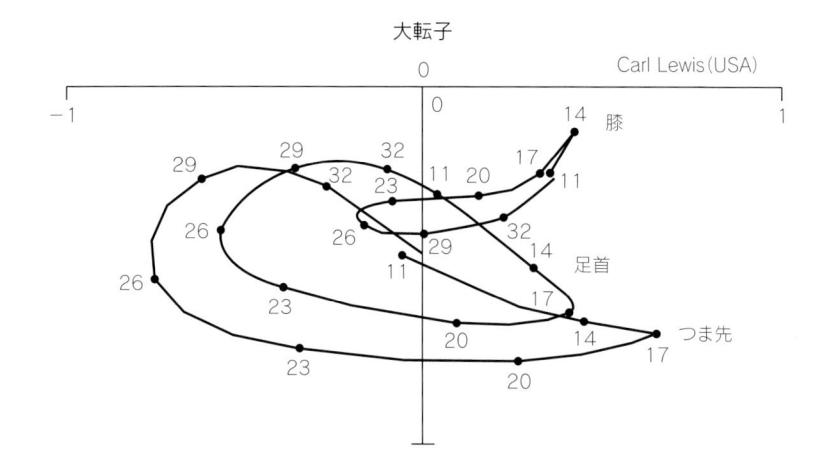

図 2-6 カール・ルイスの世界記録 9 秒 86（1991 年）樹立時の脚の軌跡（60m 付近）（日本陸連科学委員会資料より　伊藤作図）

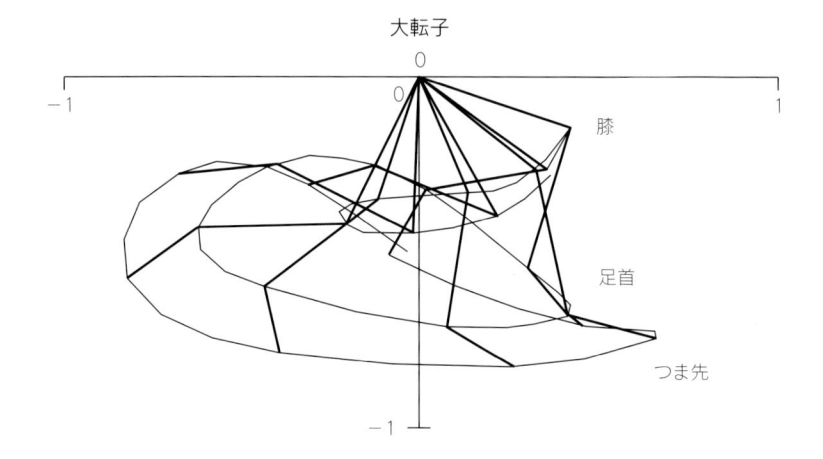

図 2-7 カール・ルイスの世界記録 9 秒 86（1991 年）樹立時の脚の軌跡のスティック動作図（60m 付近）（日本陸連科学委員会資料より　伊藤作図）

2．身体各部位の動かし方

　　最高疾走速度を生み出す走りの技術について，1991 年第 3 回世界陸上選手権大会を機に，組織された日本陸連バイオメカニクス研究特別班の活動成果やその後の継続的な研究の発展から解説することにしたい．

1）つま先，足首，膝の軌跡について

　　1991 年世界陸上選手権大会でカール・ルイスが 9 秒 86 の世界新記録（当時）を樹立した時の 60m 付近の疾走フォームを 16mm 高速度フィルムに撮影し，映像分析によって得た結果を**図 2-6**に示した．大転子の位置を原点として，膝，足首，つま先の 1 サイクル（1 歩）の運動軌跡を描いている．

　　また，**図 2-7**に，大転子，膝，足首，つま先を結んだスティックピ

クチャーを示した．この図を参考にしながら，詳細な動作の分析をしてみよう．

2) 足関節の動き

　足首が堅い，柔らかいという表現が用いられる．一般に足首は柔らかい方が良いと考えられがちであるが，一流スプリンターでは足関節をあまり大きく動かしていない．

　足関節角度は疾走速度の高い選手ほど接地中に大きく変化することはなく，むしろ固定される傾向にある．足首を固定的に使うことによって，足首の"あそび"をなくし，発揮されたキック力を，そのまま有効に地面に伝える役割を果たしている．

　キック時に足首のスナップを生かしてキック力を増大させるといった動作は，高速疾走の場合は無用である．足首のスナップから生じる力は，むしろ相対的に小さなものだからである．足首を固定した接地姿勢をとることによって，体重と筋力の双方を生かした推進力を得ることができる．

　また，体重移動に関しては，全力疾走中といえども，完全に接地足に乗せることが大きな技術的ポイントとなる．この場合，足首を固定したかたちで，体重を前方へ自然に乗せる動作をすることが大切である．

　高速疾走の場合，足首を固定した姿勢をとると自然にそうした体重移動が可能となる．腰の乗ったキック姿勢は足首の使い方と密接に関係している．

3) 膝の屈曲伸展

　膝は，後方からのスウィング動作によって前方に振り上げられ，最高点に達する．この膝の高さは，カール・ルイスやバレルでは比較的高いが，もも上げ角度としてみると，日本人選手の角度とそれほど大きな差異はない．

　ここで，気をつけなければならないことは，膝は「引き上げられる」のではなく，キック動作後の反作用として「自然に振り上げられる」という動作が行なわれているかどうかである．

　日本人選手では，従来から「もも上げ」，「ももの引き上げ」が指導されてきたが，大腿前面の筋（大腿直筋を主とする大腿四頭筋）を働かせて膝を引き上げる動作は，動作疲労を生じやすい．このため，走りの後半で膝が上がらなくなる欠点が日本人選手にみられていた．

　スキーの連続ターンを上手に行なえるようになると，キックしたスキーの板がターンの後半でごく自然にリズミカルに膝下に舞い戻ってくる感覚となる．この時，無理な力を発揮して，スキーを引きつけたりはしていない．

　ランニングの場合も，非常に良いキック動作をした後，柔らかな骨盤

C. ルイス選手

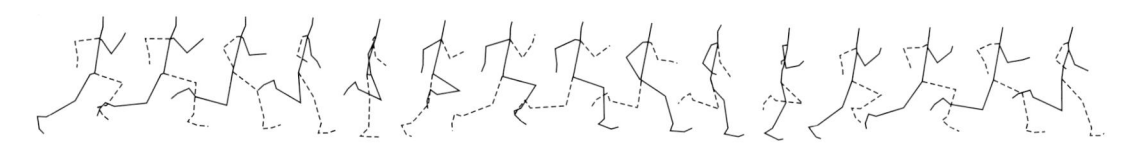

L. バレル選手

井上 悟選手

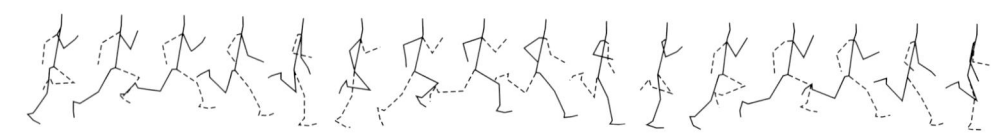

山下徹也選手

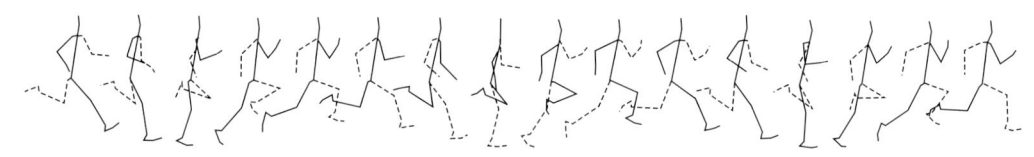

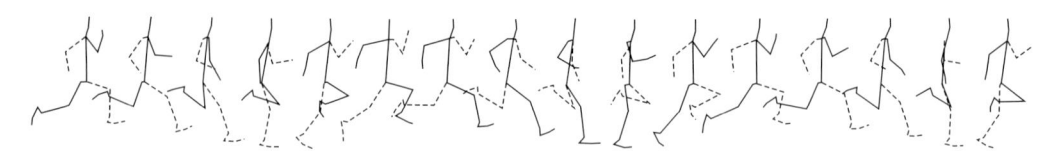

杉本竜勇選手

M. ジョンソン選手

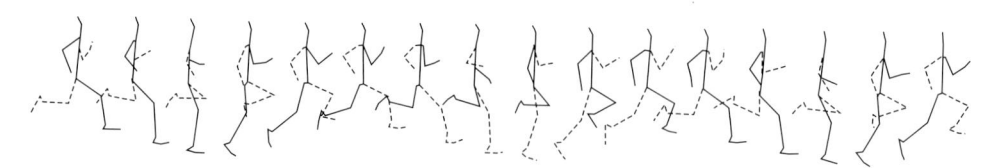

奥山義行選手

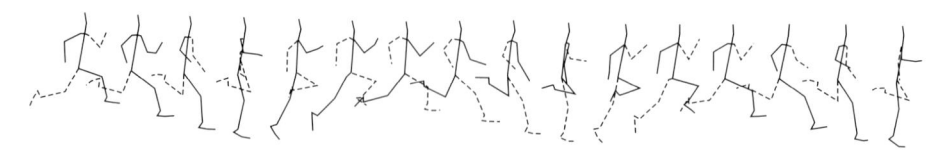

図2-8　C・ルイス，L. バレル，井上悟，山下徹也，杉本竜勇，M. ジョンソン，奥山義行選手の中間疾走のスティックピクチャー（日本陸連科学委員会資料より　伊藤作図）[5]

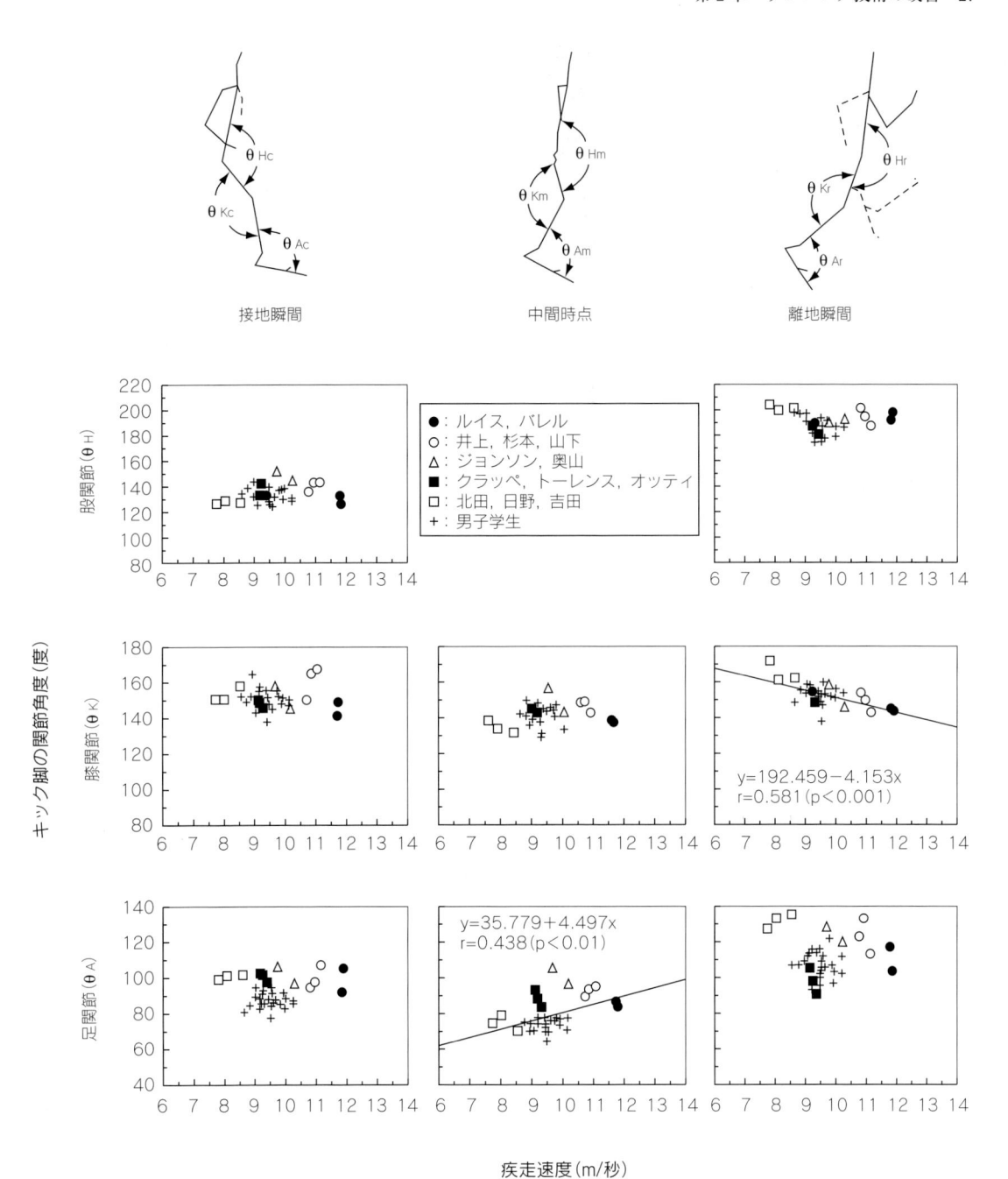

図 2-9 中間疾走のキック脚の，接地の瞬間（図左），中間時点（最も屈曲した瞬間：図中）と離地の瞬間（図右）の下肢関節角度（日本陸連科学委員会資料より　伊藤作図）[5]

の動きを利用して脚を前方へ導くと，驚くほど自然に膝が前方へ高く振り上げられる．カール・ルイスのコーチであるトム・テレツ氏は，「自然（ナチュラル）に動作するように」と指導しているが，日本人には，この「自然」の意味がよくつかめず，カール・ルイスの走りは，天賦の

資質によるものだ，と考えがちであった．しかし，膝は引き上げるものではなく，キック後の動作で自然に振り上げられるものだと理解すると，トム・テレツ氏の言う意味が理解できてくる．

接地時やキック時の膝の角度を分析してみると，カール・ルイスは膝を完全に伸展する動作を行なうことがなく，軽く屈曲したままで接地からキック動作が行なわれている．特にキック後半でつま先が離地する瞬間の膝関節角度を比較すると，疾走速度が高い選手ほど，膝の伸展度が小さいという傾向がみられた（図2-8，9）．

すなわち，膝は軽く屈曲されたままキック動作を終了した方が，素早い脚の運びが可能となることを示している．キック後半で無理に膝を完全伸展させてキック力を増大させようとしても，かえって脚の運びのタイミングが遅くなり，また，膝を完全伸展させても，それほどキック力を増大させることにならないこともバイオメカニクスの物理的計算上から明らかになってきた．

膝を軽く屈曲させたままでキックを終了するという動作を身につけることで，高速疾走時に後脚が流れたり，タイミングが遅れたりすることを防ぎ，記録を向上した選手の例が，日本陸連科学委員会の伊藤章委員によって報告されている．女子短距離の岩本敏江選手はその典型的な例として紹介されている．

9秒79の世界記録をもつモーリス・グリーンの走フォームは，カール・ルイスの走りをさらに進化させたもので，前脚の膝を着地前に前方でしっかり伸展させ，着地時にもあまり膝を屈曲させずに腰をのせてそのままキック動作に移行している．カール・ルイスが膝を軽く曲げたまま前方から着地およびキックに移行していることと比較して，モーリス・グリーンの走りは，より体幹部（深腹筋）の筋力が必要となる．いずれの場合にも，着地した膝の状態をできるだけ保ってキック動作を行なっているという点で共通している．

4) 股関節の伸展・屈曲

世界一流選手と日本人選手との動作上の大きな差は，大腿のスウィング速度の差である．大腿は骨盤に股関節と筋を介してついているが，キック動作時の股関節の伸展速度（角速度），すなわち大腿に対する腰の前方への移動速度が大きい選手ほど疾走能力に優れた結果を出す傾向が顕著である．大腿ばかりでなく，脚全体として股関節まわりのスウィング速度を比較してみると，外国一流選手と日本人選手との差が非常に大きいことが判明した．

このことから，日本人選手が世界一線級スプリンターとして活躍するためには，股関節まわりの脚のスウィング速度を高めることが，最も重要な課題であることがわかった．

脚のスウィング動作の速さ，すなわち脚のスウィング速度を高めるに

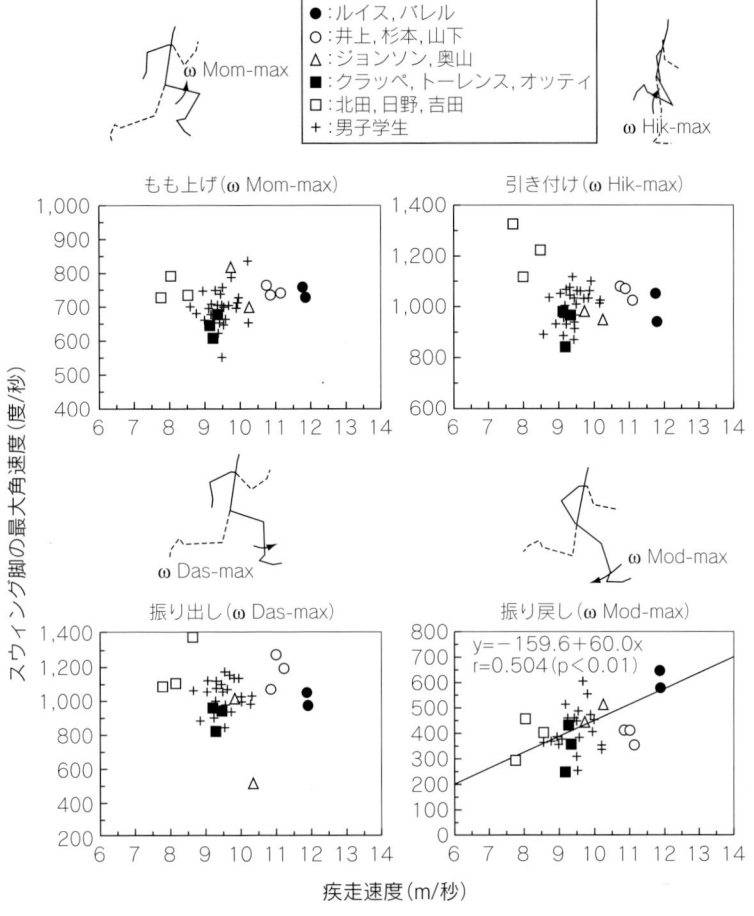

図 2-10 中間疾走のもも上げ，引き付け，振り出し，振り戻し動作の最高速度と疾走速度の関係（日本陸連科学委員会資料より　伊藤作図）[5]

はどうすれば良いか．脚のスウィング局面は，キック後の脚の前方へのスウィング動作と，接地に向かう手前へのスウィング動作とがある．前方へのスウィングでは，キック後に膝を屈曲させ，回転モーメントを小さくして膝をできるだけ素早く，前方に高く導くことが従来からのスプリント走のテクニックである．このテクニックは，どの選手にも取り入れられていることから，世界一流選手と日本人選手との間に大きな差はみられない．しかし，高い膝の位置から脚全体が手前（身体重心）に向かってスウィングダウンされる速さは世界一流選手で圧倒的に高い（図2-10）．

　中間疾走中の脚の振り戻し最大速度を脚が股関節をまわる角速度（度／秒）で比較すると，カール・ルイス572度／秒，リロイ・バレル642度／秒，マイケル・ジョンソン502度／秒であるのに対し，日本の井上悟341度／秒，杉本龍勇397度／秒，山下徹也396度／秒という値であっ

表 2-4 中間疾走のもも上げ，引き付け，振り出し，振り戻し動作の最大速度（度／秒）（日本陸連科学委員会資料より　伊藤作表）[5]

被験者名	もも上げ	引き付け	振り出し	振り戻し
C. ルイス	721.98	944.88	954.62	572.43
L. バレル	744.90	1,053.17	1,022.23	641.19
井上　悟	735.73	1,026.24	1,179.81	341.51
杉本龍勇	752.35	1,077.81	1,045.73	397.66
山下徹也	731.15	1,068.65	1,252.01	396.52
M. ジョンソン	693.28	946.53	502.48	502.48
奥山義行	815.89	981.48	983.77	436.59
K. クラッベ	644.00	984.34	940.80	238.35
G. トーレンス	668.07	968.87	926.47	347.20
M. オッティ	611.35	850.84	801.57	418.26
北田敏恵	725.42	1,218.20	1,370.62	386.78
口野文愛	782.72	1,114.49	1,082.40	445.79
吉田丹子	723.70	1,321.91	1,057.76	292.80
大学短距離選手	692.56	1,001.51	997.20	400.76
(N = 29)	± 51.83	± 64.62	± 87.61	± 79.10

た（表 2-4）．

　前方から手前に脚を素早くスウィングダウンさせ，その着地時に腰を上手に乗せることによって，結果として重心の真下に着地するという技術が生まれる．そのことが，さらに強力なキック力と素早い脚のスウィング動作を生み出している．

　こうした脚全体の素早い動きを生み出すためには，強力な筋力発揮が必要であるが，筋力もタイミングの良い無駄のない発揮の仕方を工夫する必要がある．特に股関節伸展動作をともなう脚のスウィング動作がキーポイントとなるため，大殿筋，大腿二頭筋（ハムストリングス）などの大腿背面の筋を鍛えることが必要である．

　こうした股関節伸展筋群の強化とともに，骨盤の動きと連動した内転筋や腸腰筋（大腰筋と腸骨筋の総称）を鍛えることが極めて重要であることも最近の研究から明らかになった．

　人間の脚は，骨盤に対して単純な1関節運動をするわけではなく，足や膝の内転・外転がともない，スローモーションビデオで観察すると，その複雑な動きには大変驚かされる．そうした捻りをともなった動作の中で大きな力を発揮し，それを有効に利用することがスプリントの技術ともいえる．

　優れたスプリンターほど内転筋や腸腰筋の発達の様子が顕著であることから，これらの筋の働きをもっと大切にしたトレーニングの実施が競技力向上に大きく貢献すると考えられる．

写真2-1 スプリント・トレーニングマシン（K-9551型）
足置きペダルは左右平行なレール上を前後に移動する台座に取り付けられている．ペダルを回転させる足部は，左右平行な間隔を保って円運動を行なう．

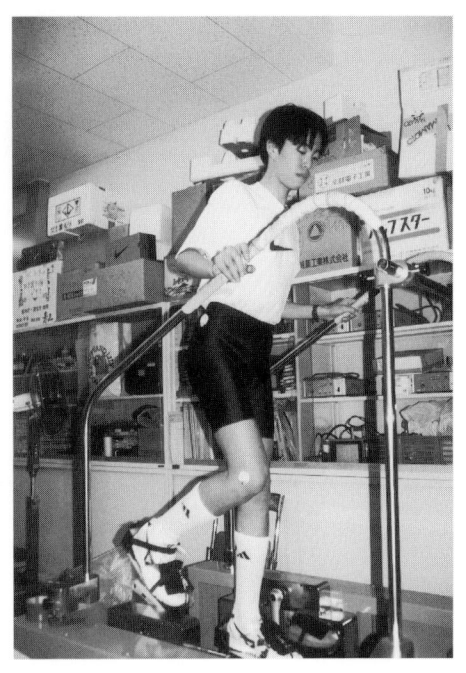

写真2-2 スプリント・トレーニングマシン

5）骨盤の動きの大切さ

　外国人一流選手と比較して，日本人選手は動きが堅いといわれる．従来，日本のスプリンターでは，体幹をしっかりと固定し，四肢を力強く動かすという考え方が主流となっていた．したがって，腰をどう使うか，骨盤の動きをどのように脚の運びとマッチングさせるかについて，驚くほど無頓着であったといえる．

　しかし，大きな脚部を素早く動かすためには，どうしても体幹部，とりわけ腰部（骨盤と腰椎）をいかに有効に利用した動きを作り出すかが工夫されなければならない．

　日本陸連医科学委員長の小林はカール・ルイスの走法の分析や走運動に関連する多くの情報分析をふまえ，独自の発想に基づいた「スプリント・トレーニングマシン」を開発し，それを用いた選手の競技記録を飛躍的に向上させている．スプリント・トレーニングマシンは，当初，大腿二頭筋など股関節伸展筋力のトレーニングマシンとして，現存のもので満足すべきものがないことから，筋力トレーニングマシンとしての開発が意図された．開発のコンセプトとして，理想的な運動形態の中で筋

のトレーニングがなされるべきであるという観点から,「理想的運動形態とは何か」を追求し,その究極のかたちとして現在の「スプリント・トレーニングマシン」に到達した.しかし,その効果は,筋力トレーニングマシンとしての効果に加え,「動作矯正マシン」または「動作学習マシン」としての効用が極めて大きく,特に骨盤の柔軟性の向上が競技力向上に直接的な効果をもたらしているという,重要な事象を見い出した(**写真 2-1,2**).

100m 走に 10 秒 00 の日本新記録を樹立した伊東浩司選手は競歩の腰の使い方からヒントを得て,歩くことによって骨盤の柔軟性を高め,腰の動きの自由度を高め,新境地を開拓した.

3．スプリント・トレーニングマシンからの知恵

一流選手の走動作分析結果から,日本人選手の短距離走能力を向上させるためには,走技術の改善が必要であることがわかってきた.

理想的な走技術というものについては,コーチや指導者,また選手個人個人にとってもそれぞれの持論や思い入れの部分があり,また,これまで指導され,身についてしまっている部分もあって,新しい考え方にそって改善しようとしても,なかなか容易ではない.走技術の組み立て方にも,これまで多くの考え方があり,その指導法についても,統一的な見解というものが存在していない.

かつて,日本の短距離トレーニングのバイブルとされてきた「マック式スプリントドリル」というものが,実はマック氏の本来意図するものとは大きく異なって指導されてきた経緯があり,そのことが日本の短距離界の長い低迷期に関係している,という指摘が近年(1998 年)小田伸午氏(京都大学)によって,公にされた[7].マック氏は日本の指導者の理解の誤りに気づいて,その後修正に努力したが,すでに「マック式トレーニング」として浸透してしまったトレーニング法の修正に耳を傾ける人は少なかったという.外国からの知識の導入には,時々こうしたことが生じる.

こうした「マック式」の影響も多少は関係するかもしれないが,基本的に日本人には正しい短距離走技術を身につける教育が学校教育の中で取り上げられてこなかった,ということに大きな原因があると考えられる.

また,これまで日本人自身が短距離走の技術に対して,外国のトレーニング理論にあまりにも左右されすぎたことも影響している.外国人にとって,しごく自然なことや,記述にあたらないことでも,日本人にとっては重要な事柄である場合も少なくないのである.

カール・ルイスのコーチである,トム・テレツ氏が,日本人はなぜもっ

と「ナチュラル（自然に）」走らないのだろう，と疑問に思っていたという．

1991年第3回世界陸上選手権大会を機会に，日本陸連バイオメカニクス研究特別班が世界一流選手の動作分析研究を通して，日本人自らの問題意識に根ざして日本人の短距離走技術の改善を図ろうとしてきたことが，今日大きな成果を生みつつあるといっても良い．それは，単に外国からの知識の導入だけではなく，自分たちの知恵を積極的に構築していこうとする試みであり，日本人選手が世界の第一線で活躍するためには，自発的な理論構築が必要である．

そうした試みのひとつがスプリント・トレーニングマシンの開発であり，スプリント・トレーニングマシンを用いたトレーニングの中から，走技術のエッセンスというものが抽出されてきている．

ここでは，そのエッセンスにあたる部分について，記述してみたい．

1）接地足と身体バランス

走運動のうち，案外気付かれないでいるが，最も重要な要素として，接地足（着地足およびキック足）と身体バランスの関係をあげることができる．このことをわかりやすく表現すれば，「接地足に体重を完全に乗せ切る」ということになる．接地足は「着地」，「体重支持」，「キック」の3つの役割をもつが，このそれぞれの役割局面において，体重が接地足に乗り切っていることが大きなポイントとなる．静止した状態での片足立ちは，身体の「バランステスト」として用いられているが，走動作では，接地足に体重を乗せ切る身体バランスをとることが高度の走技術を達成させるための基本である．ここでの身体バランスは，動的状態のバランス能力であり，静止状態でのバランスとは異なる．この動的バランスは，いわばマンガ的に表現すれば，「天狗様がはいているという一本歯の高下駄」をはいて，片足立ちをしても身体のバランスを崩さないということに通じる．

スプリント・トレーニングマシンでは，自転車ペダル状の足置きペダル（フットスタンド）が右足用と左足用別々につけられており，それぞれ足置きペダルに足をのせ，てすりにつかまって立位姿勢で立ってみると，足首が前後にぐらぐらして不安定である．

足底の拇指球のやや後ろあたり（ほぼ足底の中央部）に位置する部分を軸に，足置きペダルは自由に回転する構造になっているので，「天狗様の一本歯の高下駄」をはいた状態で身体バランスをとらなければならない．

次に，電気動力によって，右足用と左足用のペダルをとりつけた移動台車が互いに平行に前方と後方へそれぞれ逆方向に移動し，ある一定距離を移動した後に自動的に移動方向を逆向きに転換する．左右の足置きペダルは，前後への反復繰り返し移動距離の中間位置でお互いにすれ違

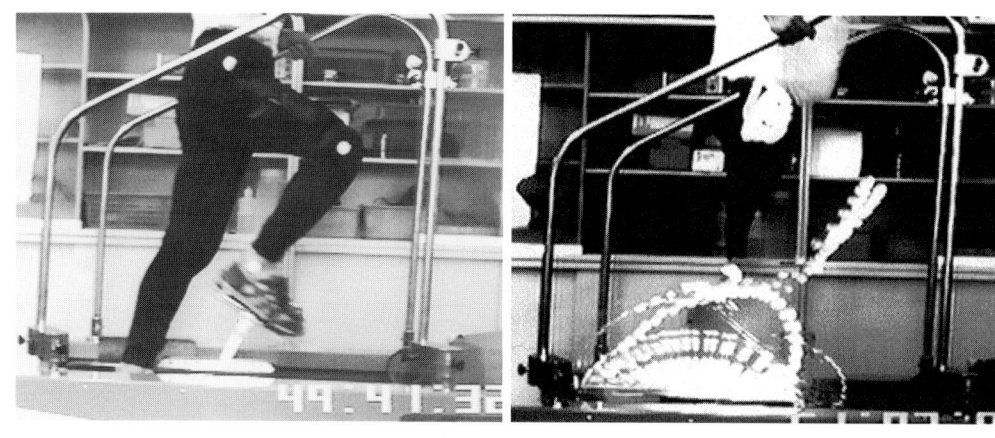

写真2-3 スプリント・トレーニングマシン練習中の腰，膝，足首の動き（黒い破線は軌跡を示す）．特に腰の動きの大きさに注目．

う構造になっている．

　トレーニングする人は，この平行に前後交互に移動するペダルの上に立ち，ペダルが前方から後方に向かって移動する動きにあわせて，ペダルの軸に体重を乗せ，他方の足はリラックスする．次に逆足が前方から後方に向かって移動する動きにあわせて，体重を移動させ完全に体重をのせるようにする．このように，交互に体重を移動させ，この動作がてすりにつかまらなくてもできるようになるまで，バランスをとる練習を繰り返す．足が前後に動くペダルの上で身体のバランスをとることは案外難しい．しかし，接地足に体重を乗せ切ることができるか否かが，走動作の出来栄えに大きく影響する．

　このことができれば，着地する際に安定した動作ができるとともに，体重を十分に生かしたキック力が生み出されるので，無駄な筋力を使わずにすむことになる．

2) 着地は重心の真下に

　「着地は重心の真下に行なう」ことが大切である．しかし，ストライドを広げようとしてせっかく前方へ着地するように努力したにもかかわらず，「着地を重心の真下に行なう」ということになると，ストライドを逆に狭めなければならない，という矛盾を生じることになる．この点は，次のような走動作を行なうことによって解決する．

　スプリント・トレーニングマシンでは，ペダルが前方から後方に移動する時，体重を移動ペダルに乗せるが，この時，腰を足（膝）と同じタイミングで移動させることが大切である．すなわち，右足（右膝）が前方へ出たら右腰も前に出し，右のペダルに体重を移動させる時，右腰と一緒にペダルに乗り込むようにする（**写真2-3**）．

　この右腰と一緒に右足ペダルに乗り込むという動作に，最も重要なス

プリントの要素が含まれている．これは足（膝）と腰の同側型動作である．これを膝腰同側型動作と呼ぶことにする．

着地の際に，前足を接地する位置は，身体重心の真下にということであるが，これは結果としてそのようになっているということである．実際には身体の前方に足（右）を伸ばし，着地足側の腰（右）を前方にして乗り込む感じで着地すれば，ちょうど身体重心の真下に着地する結果となる．腰が引けた状態や腰が固定された状態で足だけの振り出しを行なえば，着地点が身体重心より前方になることもあり得る．しかし，腰（骨盤）の柔軟な動きを用いることによって，広いストライドで，重心の乗り遅れのない効率的な走フォームが形成される．スプリント・トレーニングマシンで右足と右腰，または左足と左腰を同時に出すトレーニングをすると，この膝腰同側型動作がスムーズにできるようになる．驚くことに，この右足・右腰または左足・左腰を同期させる膝腰同側型動作に戸惑うランナーがあまりにも多い．腰を固定して下肢や上肢を動かすというパターンに慣れていて，腰（骨盤）や体幹を下肢の動きにあわせて動かすというトレーニングが非常に不足していることに気づかされる．

腰と足（膝）を同期させて動かすトレーニングを行なうことによって，安定した着地の後に鋭いキック動作を行なうことが可能となる．

3）キック力に体重を生かす

接地足に体重がバランスよく乗せられていれば，そのことが体重の水平移動にともなって強いキック力を生み出す原動力となる．しかし，接地足に体重が十分乗せられていない時は，身体バランスを保つための筋力発揮と身体重心のずれた位置で強い筋力発揮を行なって，強いキック力を生み出す必要がある．このため，強い筋力発揮を行なうわりには推進力が有効に生じないタイプのランナーが数多い．体重を地面を押す推進力に生かし，地面からの反力を十分利用して，リラックスしたかたちでの筋力発揮によって強い推進力が生じるタイプのランナーになることが理想的である．

キック動作は，足の筋肉で無理矢理に筋力発揮するというものではなく，キックする時に，体重が十分キック足に乗っていることが大切で，そうするためには，骨盤がキック足側にやや傾いたかたちになり，膝腰同側型動作が行なわれる必要がある．

体重がキック足に十分生かされると，それは，足の筋肉でキック（蹴る）という動作をするよりも，足で地面を鋭くプッシュ（押す）という動作に近くなる．すなわち，地面は「蹴る」ものではなく「押す」ものであるという表現も成り立つ．体重を上手に生かして推進力である地面反力を身体に受けると，明らかに「キック」よりは「プッシュ」という感じが生じる．そして，不思議なことに，その後の足の前方への振り戻し動

作が非常にスムーズにできるようになる．

近年では，「プッシュ」から「ストライク（打つ）」という感覚でキックする方が良いという意見も出ている．プッシュという感覚動作を非常に短い時間で行なうと「ストライク（打つ）」という感覚が生まれてくる．速いランナーでは，接地時間が短いという特徴がある．ただし，一流ランナーとなるためにはプッシュという動作を十分に行なえるように足腰のバランスを身につけた後に，短い接地時間のうちに大きなパワーを生み出す素早い動作を習得しなければならない．

4）キック後の振り戻し動作は高い腰の位置で行なう

接地中のキック足の膝を伸展すべきか否かについては，伊藤章教授（大阪体育大学）の指摘するように，結論は「無理に伸展する必要はない」[6]ということである．

キック後の膝は，前方への足の運びに要する慣性モーメント（移動エネルギー）を少なくするため，膝をおりたたんで前方へ運ぶ方が良いとされてきている．しかし，重要なのは，キック後に膝を深く屈曲させて足を前方に運ぶことではなくて，いかにスムーズな動きの中で素早く，しかも，楽に膝を前方に高く上げ，スムーズな振り戻し動作に結びつけることができるかということである．

そのためのかぎを握る動きが骨盤の柔らかな動きを利用した足・腰の連動動作である．スプリント・トレーニングマシンを用いたトレーニングをしてみると，キック後にペダルを前方に移動させる時，ペダルアームによる円運動軌道に上手にあわせることができずに，途中で足がひっかかってしまう．スムーズな足の前方への移動を可能にするためには，腰の下を足が通過する時に，足裏をペダルアームの長さの高さだけ引き上げなければならない．ところが，この足の高さの引き上げが上手にできない人がほとんどである．足の運動軌跡を「円運動」と「円運動の軸の前後平行運動」の2つの組み合わせから作り出しているスプリント・トレーニングマシンでは，移動台車に取り付けられたペダルアームの長さ（すなわち回転半径）に相当するだけ足を引き上げなければならない．

ところで，この足の高い引き上げ動作をどのようにして実現させるか，というところにスプリント動作のエッセンスが含まれている．

キック後の足を前方に移動させるには，足の筋肉を働かせて足の移動を行なうのではなく，むしろキックした側の骨盤をやや引き上げるようにして前方へもってくるように動作させることによって，足はスムーズに後方から前方に運ばれるのである．この動作ができると，足は無駄に緊張することなく，素早く前方に運ばれるとともに，自然のうちに膝が高い位置まで振り上げられる．

前述したように膝の前方への振り上げは，大腿直筋や大腿前面の筋群の働きによって引き上げられるのではなく，体重を乗せたキック動作の

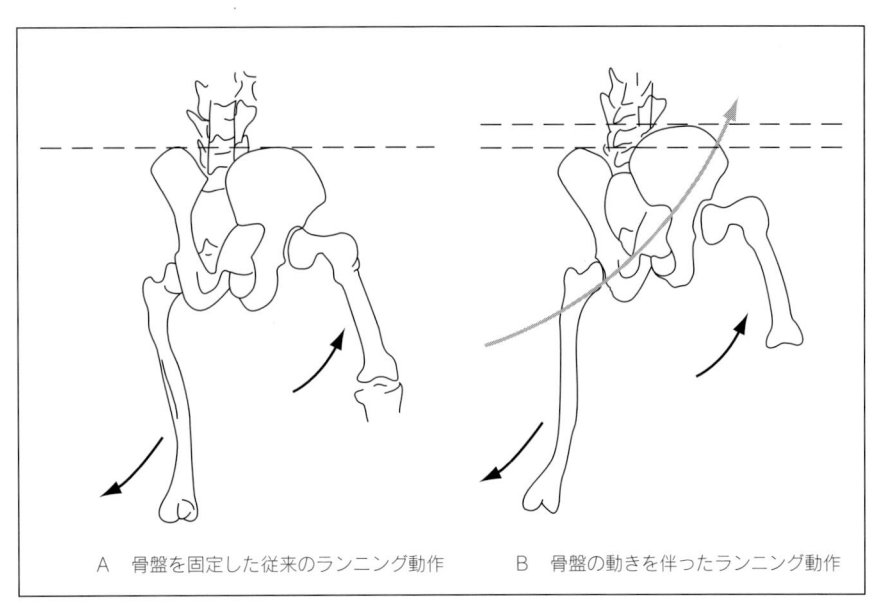

A　骨盤を固定した従来のランニング動作　　B　骨盤の動きを伴ったランニング動作

図2-11　ランニング動作と骨盤の動き

後の骨盤を先行させた後方からの足の振り戻し動作によって自然に振り上げられるのである．「骨盤の動きを先行させる」ということは，キーポイントのひとつとなる．

トム・テレツコーチの言う「ナチュラルな膝の振り上げ」とは，まさしくこのことを言っていたのではないかと考えられる（図2-11）．

こうした骨盤の動きは，慣れないうちは大げさな動作で行なうことが必要であるが，慣れてくると，わずかな骨盤の動きでその動作が実現されてくる．武術では名人になるほど，人に気づかれないほどの細かな動作で大きなパワーを生み出すものであるが，陸上競技の場合も，骨盤というものを下肢のついている固定的な構造物であると考えるか，下肢の動きを生じさせる柔軟な構造のパワー発生源であると考えるかによって，まったくその効果が異なってくる．

骨盤（腰）の動きを先行させた下肢の前方への運びが実現されると，ランニングフォームは，腰の高い，重心位置の高いフォームへと変身する．スプリント・トレーニングマシンのトレーニングを行なった人では，うまくいった場合，およそ20分のトレーニングで，この腰高なランニングフォームが形成され，トレーニングした人自身がまったく別人になったと感じるほどである．すなわち，腰高のフォームであるか，腰の低いフォームであるかの相違は，キック後の足の前方への移動を骨盤を引き上げるような動作で行なったか否かによっている，ということがいえよう．

5）走る姿勢は，垂直かやや軽い前傾姿勢が基本

「天狗様の一本歯の高下駄」をはいて歩いたり走ったりする時に，過度の前傾姿勢ではバランスがとりにくく，いつも大腿部を緊張させて動作させなければならない．片脚に完全に体重を乗せた身体バランスをとった時，上体はまっすぐに立った姿勢が最も自然であり，リラックスできる姿勢である．下半身を大きく動かして動作する場合にも，上体はまっすぐに立てられたかたちが望ましい．

スプリント・トレーニングマシンで，足を足置きペダルに乗せ，ペダルアームを取り付けた台座が前後に往復する動きにあわせてペダルを回転させた時，支持脚に体重を安定して乗せることのできる姿勢は，上体を垂直に立てた姿勢である．

前傾姿勢によってバランスを保とうとする人がいるが，この場合は，腰が後ろにひけて大腿部の筋が緊張したり，膝が曲がって背中が丸くなったり，身体が堅くかためられてしまうことが普通である．

筋電図を用いた方法によって調べたところ，全力疾走をする時，支持脚にしっかり体重を乗せ，足部を円運動の軌道で動かそうとすれば，上体をまっすぐに立てた姿勢が脚筋への負担を軽減させ，バランスが良い最も効率的な姿勢であることが明らかとなった．

疾走フォームでは，上体の前傾を強く指導するコーチも存在する．初期段階では，このことはあながち誤りであるとはいえない部分がある．なぜなら，足部を円の軌跡で回転させようとする時，前傾姿勢をとることによって，そのことが容易になるためである．スプリント・トレーニングマシンを用いて，足部の円運動である立位でのペダリング動作を行なおうとしても，どうしてもできない人がいる．その人は，足部（ペダル）を腰の真下の高い位置で通過させることができない人である．キック後に後方から前方に脚を運ぶ時，腰をやや引き上げ気味にする動作ができず，ペダルアームが途中でひっかかってしまうのである．

骨盤（腰）の動きが堅い人では，上体をまっすぐにした姿勢で足部を円運動の軌道にあわせて回転させることが極めて難しい．ところが，このような人でも，スプリント・トレーニングマシンの正面にある手すりを両手でつかみ，上体を強く前傾させた姿勢をとると，極めて滑らかに円軌道にそった足部の回転ができる．すなわち，相対的には，身体のかなり後方位置でなら，足部の回転動作が可能である．トレーニングを積んでくると，身体の後方でしかできなかった足部の回転が，腰の真下で行なうことができるようになる．すると，腰高の姿勢でのランニングフォームが形づくられてくる．

昔から，脚を円のように回転させることが走動作では大切であると指摘されてきたが，前傾姿勢での足部の回転は，疲労すると脚が後方に流れるタイプのランニングフォームとなりがちである．また，逆に，上体

が前傾して腰の下で足部を回転させようとすると，腰の折れた，尻の落ちたランニングフォームとなる．このいずれも好ましいものではなく，腰高の姿勢で足部が円の軌道を描いて回転できるようにすることが，重要な技術上のポイントである．そのためには，上体をまっすぐに立てた姿勢が大切であることが理解されてくる．

　この点，1997年の日本スプリント学会に招待されたドイツ陸連の強化委員長がドイツ陸連の短距離指導では，従来「前傾フォーム」を理想としてきたが，この考え方を改めて，今日では「上体をまっすぐにしたフォームが正しい姿勢である」と指導しているとクリニックの中で説明していた．

　また，「スポーツスピードトレーニング」[9]を著したアメリカのスプリント界の指導者であるジョージ・ディンティマン，ボブ・ワード，トム・テレツらは，「上体は走る方向に少しだけ前傾すべきで，強く前傾してはいけない」と指摘している．アメリカにも伝統的に前傾を強く要求する指導者が数多くいることに言及し，これらは正しい指導ではないとしている．

　上体の前傾を指導する人たちにとっても，前傾がなぜ必要なのかについては，科学的な実証がなされていない．スタート直後の加速期にはもちろん上体の前傾はある程度必要である．しかし，「トップスピードが生まれる疾走フォームは上体をまっすぐに立てた姿勢が良い」ということは，スプリント・トレーニングマシンを用いた身体バランスを重視する考え方からみても，最も基本的な事項のひとつということがいえる．

　ランニング姿勢の前傾について問題となるのは，100m走の加速期の場合である．100m走で9秒79の世界記録を作り，2000年のシドニーオリンピックを制したモーリス・グリーンは，100m走の前半は，頭を下に傾けた前傾姿勢を強調した走りをしている．モーリス・グリーンはHSIに所属し，スミスコーチの指導のもとに，この前傾姿勢重視の走法を身につけ，急速に実力を伸ばした．

　モーリス・グリーンは，100mをスタートから加速，移行，全力疾走の3つの局面に分けている．加速期は頭を低くして前傾姿勢を保ち，移行期は徐々に体幹を起こし，50m以後の全力疾走期では，できるだけ速度を落とさないようにして走る方法をとっている．頭を低くして，できるだけ加速期を長くとることが重要なテクニックになっているが，彼の場合には，上体を前傾させても，脚は全力疾走時のように前方へしっかり膝が伸ばされて着地する走フォームが保たれていることが驚異的である．これは，体幹部の筋力の働きが極めて強靱であることを示している．モーリス・グリーンは加速期を長くとることを強調しているが，1997年に9秒86で走った時のバイオメカニクスデータでは，58.1mの地点で最高速度（11.87m/s）に達しており，加速局面の距離が他の選手より長いわけではない．

モーリス・グリーンの場合にも，全力疾走時には，上体が起こされた姿勢であるという点では，他のランナーと共通である．

6) 左右の足は常に平行に進行方向に向け，着地は踵から平踏みで行なう

スプリント・トレーニングマシンでは，左右の足置きペダルは進行（走行）方向にむかって平行に位置しており，ペダルアームを回転させた場合でも，左右足は平行な間隔を保ったままである．左右の靴底および靴全体はしっかりと足置きペダルにベルトでとめられているので，靴（足部）自体は，足置きペダルと同じ動きをしなければならない．つまり，着地，体重支持，キック，キック後の振り戻し動作および前方から着地に向かった脚の振りおろし動作を含め，すべての局面において，左右の足先は進行方向に向けられ，足部は平行で一定の横幅の間隔を保ちながら，回転運動がなされることになる．

足の運びを鉄道車輪に例えれば，間隔の狭い二本の平行なレールの上を左右の車輪（足部）が半周期の時間差をもって回転して進んでいく様子と類似している．

理論的に考えれば，着地，体重支持，キック，キック後の前方への脚の振り戻し，および振りおろしのすべての動作局面において，足の指先（靴先）を常に進行方向に向けて，レールの上で回転する車輪のように動かせば，最も効率の良いエネルギーロスの少ない動きになるといえよう．

しかし，この動きを実現させるためには，いくつかの動作上のポイントがある．それらをまとめると次のようになる．

① 足首の背屈・伸展動作はできるだけ少なくし，着地，体重支持およびキック期を通して，直立姿勢を保った時とほぼ同様の足首の角度を維持するようにする．このため，着地は踵から入る平踏みの形となる．平踏みとは，足底全体で体重支持することを意味する．

② 着地に向かって前方から振りおろされる足部は，円弧の軌跡を描くように動かし，同時に着地に向かって腰を膝の上に乗り込むようにする．こうした動作をバランス良く行なうためには，足首をやや背屈気味に足先をそらすようにし，踵が先行して円弧の軌跡をなぞるような気持ちで足を運ぶと良い．

③ 足部が左右平行な位置関係で円の軌跡を描くような動きで着地し，体重支持を行なうためには，骨盤や上体の筋の柔軟な働きによるバランス調節が必要である．

これらの点については，もう少し詳しく説明してみよう．

実際のグラウンドでのランニングの場合の脚の動きをスローモーションビデオで観察してみると，脚全体は足首，膝，腰の関節を介して，実にさまざまで複雑な動きをしていることがわかる．特に，足首，膝，股関節の回内・回外運動や内旋・外旋運動，および屈曲・伸展動作が総合

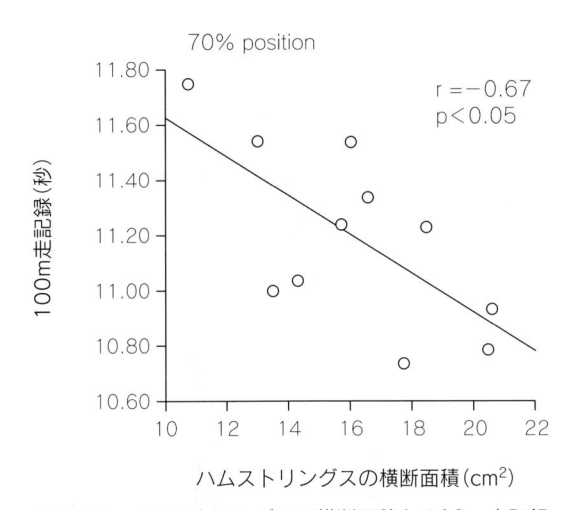

図 2–12　ハムストリングスの横断面積と 100m 走記録との関係（狩野ら 1997）[8]
ハムストリングスの横断面積が大きい選手ほど 100m 走の記録が良い

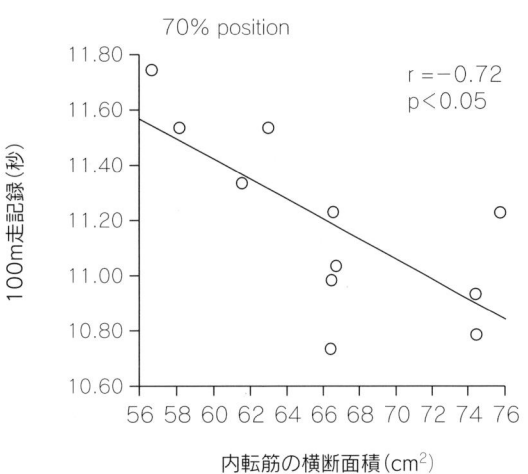

図 2–13　内転筋の横断面積と 100m 走記録との関係（狩野ら 1997）[8]
内転筋の横断面積が大きい選手ほど 100m 走の記録が良い．相関関係は，ハムストリングスと 100m 走記録との関係より高い．

されて，厳密な意味でとらえれば，その動きの解析はとても容易ではない．

　簡略化したものいいをすれば，「ランニングでの脚の動きは，一方向性の屈曲・伸展動作ばかりでなく，さまざまなひねり動作が加わって成り立っている」と説明することができる．

　近年のスプリント研究の成果として，股関節の伸展筋であるハムストリングス（大腿二頭筋・半腱様筋・半膜様筋）や大殿筋のトレーニングが重要であることが広く認められるようになってきたが，さらに，脚や骨盤のひねりを伴った動作に関与する内転筋や大腰筋の働きの重要性が指摘されるようになってきている．

　狩野ら[8]は，男子スプリンターでは内転筋の発達の著しい選手ほど走記録が高いことを報告している．内転筋群は，股関節の伸展を減速させる働きや，股関節の運動を伸展から屈曲に変換させる役割を果たすとともに，着地に向かう前方からの脚の振りおろし局面では，股関節伸展筋としても働くといった複雑な機能をもっているが，とりわけ注目すべきことは，内転筋群は骨盤の回転運動に寄与しているということである（図2–12，13）．

　疾走中にダイナミックな動きをする脚に対して骨盤を安定させ，上体のバランスを保持することにも関係していると考えられている．

　大腰筋についても，骨盤の動きを支えるとともに，上体と脚部とのバランスを保つ上で，極めて重要な役割を演じている．

　これらの筋は，キック力を増加させるということよりも，力強くスムーズで効率的な走動作を行なうための身体の使い方に関わるものであると

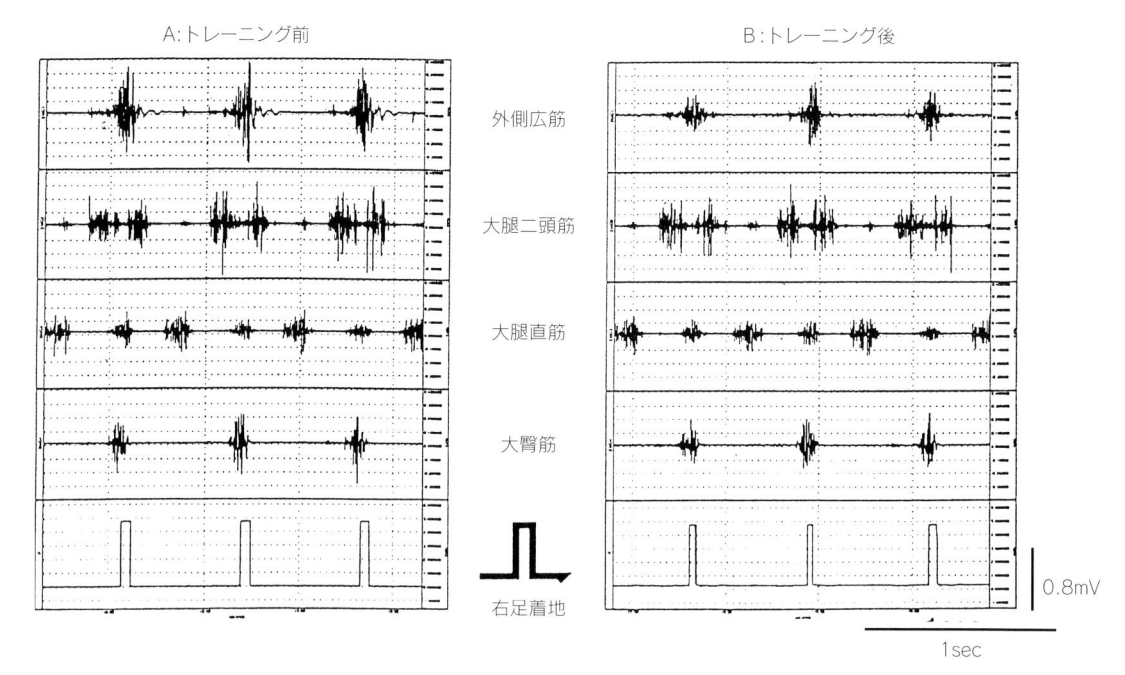

図2-14 スプリント・トレーニングマシンによるトレーニング前後の筋電図（小林・松垣原図）
マシントレーニング後のランニングでは筋放電量が少なく，筋に負担の少ないリラックスされた走法となっている．

理解して欲しい（図2-14）．

7）骨盤や体幹部の柔軟なひねり動作がバランスを保つ

前述したように，疾走中の脚部はさまざまに複雑なひねり動作を伴うので，通常のランニング動作では，足先を常に進行方向に向けて左右の足を平行な間隔で車輪のように回転させることなど，とても考えられにくい．

ところが，スプリント・トレーニングマシンを用いてトレーニングしてみると，マシンの構造上から，足を常に進行方向に向け，平行な回転運動をしなくてはならないので，自然にそうした条件で脚の回転ができるように，トレーニングの過程で膝・腰・体幹の動作の調整が行なわれていくのである．その調整動作に最も大きく関与している身体部分が腰椎・骨盤部分である．したがって，主として腰椎・骨盤部分の動きが調節されることによって，足（正しくは足底部分）の動きは，理論的に最も効率の良い動きの軌道をたどることが可能となるということが判明したのである．

つまり，足を理想的な軌道で動かそうとすれば，骨盤や体幹部の柔軟なひねり動作やある種の回転運動を有効に利用し，しかも身体バランスを巧みにとっていかなければならないことになる．骨盤の動きについてみれば，骨盤の中心部分を安定させ，骨盤の左右両端を「弧」を描くよ

うに回転動作させることである．これによって，支持脚側の骨盤端より，キック後の後方から前方へ脚を運ぶ側の骨盤端は高いという相対的な位置関係が動きの中で形づくられる．

ただし，脚の運動の始点が大転子の部分にあると考え，大転子を脚の付け根であると考えると，この運動動作ができなくなってしまう．この運動を可能とするための重要なカギは，腰椎・骨盤と脚全体を含めた下肢全体がほぼみぞおちの高さにある胸椎のあたりを始点としている，という意識をもつことにある．このことは，競歩の動きの成り立ちと共通する．

4．競歩の技術と短距離走技術の接点

スプリント・トレーニングマシンを用いた研究結果から，走る動作の基本的なポイントを挙げてきた．スプリント・トレーニングマシンの利用は，これらの走動作の基本を学習する上で最も効率的で簡便であるが，現在のところこのマシンを利用できるチャンスをもつ人は極めて小数である．

そこで，スプリント・トレーニングマシンを用いなくても，走動作に必要な骨盤の柔軟性を向上させる方法として，「競歩の技術」を導入することが効果的である．

伊東浩司選手は，短距離走の走動作を競歩選手の動きからヒントを得て，自分の走法に工夫を加えたことを述べている．このことから，スプリンターからにわかに競歩の動きへの関心が高まったように思われる．

競歩の動きは，骨盤の動きを上手に利用して推進力を生み出すことに効果的であるが，ここでは，さらに1歩すすめて，従来からの競歩技術ではなく，骨盤と脚全体を含めた下肢全体が胸椎（ほぼみぞおちの高さ）のあたりを始点とする「新技術」ともいえる歩行動作「コアストレッチ・ウォーキング」のトレーニングへの導入をすすめたい．

胸椎を始点として腰椎・骨盤と下肢全体を動作させる歩行技術は，競歩の技術向上をはかる目的から，競歩選手に勧めている競歩技術である（第1章参照）．この新技術を取り入れてトレーニングした東京大学の明石　顕選手は，大学2年生から競歩を始めたにもかかわらず，大学4年生では10km競歩で平成10年度全日本学生選手権で3位，20km全日本選手権大会で9位，平成11年度の全日本実業団選手権大会で4位に入賞しており，競歩界では異色の新人として注目された．明石選手は，スプリント・トレーニングマシンを用いて骨盤の柔軟性を養い，さらに新技術にもとづいた脚・腰の運びをトレーニングした．

この新技術は，著者（小林）によって1996年に理論化され，1998年に「コアストレッチ・ウォーキング」という名称で一般人のウォーキン

グ技術の普及にも応用されているが，1997年のアテネ世界陸上選手権大会の20km競歩で優勝したメキシコのD・ガルシア選手は，すでにこの新技術に類似した歩行技術を用いており，当時はガルシア選手以外誰にも真似のできない体の動きであると別格視されていた．

短距離走の着地は身体重心の真下に行なうことが大切である．スプリント・トレーニングマシンのペダリングでは，腰と脚を同側型動作によるタイミングで動かすことが基本となっているが，これは着地の際，「腰の乗り遅れ」を生じさせないためである．

競歩の新技術（コアストレッチ・ウォーキング）では，着地の際，踵・膝・腰・胸を結ぶラインが一直線を形成することが基本であり，このことは着地時に腰が乗っている状態をつくることになる．スプリント走の場合の腰の乗った着地が，そのまま「重心の真下に着地」することに通じる．

短距離走では，「キック力に体重を生かす」ことが重要である．完全に片足に体重を乗せて身体重心を移動する際，競歩の新技術では，胸から下の部分で安定して身体重心を支え，高い腰の位置で身体重心を後方から前方へ運ぶ感覚を体感することができる．また，体重がキック力を自然に生み出すことを体感でき，「力の軸」を理解できるようになる．

また，これに伴う骨盤や体幹部の捻り動作が，「キック力」や「身体バランス」に与える影響を体感することができ，同時に内転筋や大腰筋といった深部筋（インナー・マッスル）の強化を導くことができる．

あらゆるスポーツの基本は「歩き」にあるといわれているが，「歩き」そのものの動作の組み立てを理解することによって，驚くほどの効果的なトレーニングが可能となる．競歩の新技術には，多くのスプリントを強化させる要素が含まれている．

5．中長距離走の技術

中・長距離の走技術は，短距離とは異なっていると考えている人が案外多い．しかし，中長距離，マラソンといえども，最近のスピード化とラストスパートの凄まじさを見れば，しっかりとした高いスピードのでる走技術を身につけておかなければならないことがわかる．

結論からいえば，中長距離ランナーの走技術は，身体の使い方という点では，短距離の疾走技術と同じである．したがって，中長距離ランナーも，短距離疾走のトレーニングをする必要がある．

スプリント・トレーニングマシンは，短距離ランナーのスピードアップを狙って開発されたものであるが，これを使った中長距離選手にも著しい記録の改善がみられた．

スプリント・トレーニングマシンの被検者第1号の舟橋秀利選手（東

大卒・元アラコ陸上部コーチ）は，大学4年生の時に5,000m走で15分13秒のベスト記録を2週間のスプリント・トレーニングマシンの利用で，たちまち14分53秒と20秒も自己記録を更新した．また，20kmレース（箱根駅伝予選会）で，自己予想記録を2分以上も上回り1時間02分28秒でゴールインしている．

その後，新妻拓弥選手が東大に入学して定期的にマシンを利用し，3年生の春には自己記録を大幅に更新して，5,000m走で14分03秒，20kmレースで1時間00分49秒と同年代のランナーのトップクラスに躍り出た．その他，多くの選手が，中長距離で目覚ましい記録更新を果たしている事実からみて，中長距離走の走技術は，基本的にスプリントランニングの場合と同じ原理であり，自然にスピードの出る走フォームを無理なく持続することによって，短距離走以上に大きな成果を得ることができることがわかった．したがって，長距離・マラソンを目指す人は，短距離走の疾走技術の基本をしっかりと身につけておくことが望ましい．

6．ランナーと筋力トレーニング

「短距離走の選手では走ること以上に筋力トレーニングを行なわなければならない」．こうした考え方は，1964年の東京オリンピック以来，短距離選手の中に浸透してきた．これまでにもあまり走らずに，ウエイトトレーニングを主体としたトレーニングを積み重ねることで，短距離走の記録を大幅に向上させた例が報告されている．

しかし，短距離走の選手にとって，どのような内容の筋力トレーニングを行なうべきかについてはいろいろの意見があり，また選手の嗜好によってその方法も多岐にわたっているのが現状である．短距離走に必要な筋力トレーニングについて考えてみよう．

1）ハムストリングス強化トレーニングの提唱

1988年のソウルオリンピック大会直前に青戸慎司選手（当時中京大学）が10秒28の日本記録（当時）を作り，初めて日本選手が10秒3の壁を突破し，その後の短距離記録の飛躍的な向上への足がかりを築いた．それから，早くも10年以上の歳月が経過した．1980年から日本陸連医科学委員となった著者は，当時の医科学委員長であった松井秀治教授（名古屋大学）からジュニア選手の体力測定を担当するように命じられた．

そこで，従来行なわれていた一般的な体力測定項目を大幅に改革して，アネロビックパワーの測定や，サイベックスマシンを用いた脚伸展筋力や脚屈曲筋力の測定，フォースプラットフォームを用いた垂直跳パワーの測定などを導入した．そうした，測定を実施するうちに，不思議なこ

とに気付いた．

　1984年当時100m走で10秒34の日本記録を出した高校生の不破弘樹選手の体力測定を他のジュニア優秀選手とともに行なったところ，不破選手にはあまり優れた結果が得られなかったのである．それとは対称的に非常に優れた体力測定結果を示した選手でも，走る成績がそれらの体力にみあうほど優れているとは言い難い選手もいた．

　そこで，「陸上競技の競技力と直結するような体力の要素とは何か」を真剣に考える必要性を感じ，特に直接的に走能力に影響する筋力に関する研究をすすめることにした．

　そこで，1つの視点として，脚伸展筋力と脚屈曲筋力のバランスの問題をとりあげた．サイベックスマシンを用いて最大等速性筋力や連続50回の脚伸展筋と脚屈曲筋の発揮筋力と持久的能力を調べてみると，多くの選手では脚伸展筋は強い力を発揮するが疲労しやすく，脚屈曲筋は強い力は発揮しないが持久性があることが判明した．

　当時の短距離界では，脚伸展筋群である大腿四頭筋を鍛えることが大切であるとされ，筋力トレーニングも脚伸展筋群を鍛えることに主眼がおかれていた．

　しかし，理論的に考えてみると，ストライドを生かして速いピッチで走るためには，脚屈曲筋であるハムストリングスも大腿四頭筋と同程度まで強化することが大切であることに気づき，日本陸連のコーチ研修会でこのことを研究発表のかたちで報告した．

　しかし，会場のコーチの反応は，「選手を育てた経験のない研究者がかわったことを言う」といった冷ややかなもので，「そのことを報告した外国の論文があるのか」，「外国での実績はあるのか」，という質問があがった．この質問に対して，「このことについては，まだ世界的に報告もなされていないし，自分で論文を書くのは，さらに測定研究を重ねて数年先になってしまう」と答えた．

　「勝負の世界は，先んじてこそ価値があり，他人の成果がでるのを待ってから取り入れては遅れをとり，トップには立てないのに」と内心残念に思った．

　しかし，中京大学の勝亦紘一コーチが「小林寛道さんがそれほどいうのなら私の大学の選手でやってみますが，ハムストリングスを鍛えるには，どんなトレーニングをしたら良いのですか」と質問された．

　著者は「どうやってハムストリングスを鍛えるか，その方法についてはコーチの先生方の考えることだと思うが，現在のところあまり良い方法がありません．とりあえず，レッグカールをやることが効果的かもしれません．」と答えた．

　その後，しばらくして中京大学から二人の短距離選手がソウルオリンピック代表に選ばれることになった．一人は笠原隆弘選手で1988年の全日本学生選手権と日本選手権大会に優勝し，ラッキーボーイとなった．

もう一人は青戸慎司選手である．勝亦コーチは，中京大学の選手にこれまで行なっていなかったレッグカールを筋力トレーニングメニューの中に取り入れたところ，キック後の脚の返りが非常に素早くなり驚いたこと，および，あまりにも選手の調子が良かったので，公認審判員に3人集まってもらい，100m記録会を行なったところ，笠原選手が日本タイ記録を出した，ことを語ってくれた．

　その後間もなく，青戸慎司選手は5年振りの自己新である10秒28を記録した．このこと以来，中京大学はさらに鈴木久嗣選手を加え，しばらく短距離王国を築くことになった．この頃，高野進選手（東海大）は，ハムストリングスの強化の重要性を認識して，独自の方法でトレーニングをすすめていた．

　1991年の世界陸上東京大会でバイオメカニクス研究特別班が編成され，総勢79名の大部隊で世界一流選手の技術分析に取り組んだ．このバイオメカニクス研究の活動が日本の短距離選手の技術上の問題点を明らかにし，改善すべき方向性を示した．

　カール・ルイス選手やリロイ・バレル選手では，疾走中に足首の角度を大きく変化させず，キック時の膝の伸展動作もあまり大きくなく，脚全体を股関節中心に円運動をベースとした動きの中で操作していることがわかった．

　また，このような動きをするためには，股関節の伸展筋として機能するハムストリングスや大殿筋などが強くなければならないことが明らかとなった．

　このことを契機として，股関節伸展筋群強化の必要性が広く認識されるようになり，またドイツ陸連からハムストリングスの重要性についてプロジェクト研究をした結果が報告された．世界的にもハムストリングスが障害予防の上からも強化されるべきことがすすめられるようになった．1991年以来，ハムストリングスの筋力と短距離走成績とが相関するという研究結果も多く発表されるようになり，日本短距離界の全体的なレベルアップがはかられる結果となった．

　しかし，ハムストリングスのトレーニング方法としては，2人組のレジスタンストレーニングや，レッグカールマシン，ヒップエクステンションマシンなどが用いられているが，やはり適当なものが見あたらない．このため，理想的な動きの中でハムストリングスを鍛える方法を開発しなければならないと思い立ち，そのことがスプリント・トレーニングマシン開発の最初の動機となった．

　スプリント・トレーニングマシンは，1995年に研究用の第1号機が完成したが，さらに一般的な使用を考慮して改良をすすめ，1999年7月に富山県砺波市に新規オープンした「富山県西部体育センター」に一般用第1号機が納められた．2000年には文部省科学研究費補助金の助成を受けて一般普及型の「スプリント・トレーニングマシン」が完成し，

2001年から比較的廉価で購入が可能になった．中学・高校生レベルで利用されることが期待される．スプリント・トレーニングマシンの利用は，わが国のすべてのスポーツ競技力アップに効果的であると考えられる．腰（骨盤部）を上手に柔軟に使うことは，すべてのスポーツに共通する基本的要素であるからである．

2）ハムストリングスから，内転筋，大腰筋，腸骨筋へ

1995年に完成したスプリント・トレーニングマシンを用いて，どの筋肉がどのように働くかを研究していくうちに，速く走るためには，ハムストリングスや大殿筋といった股関節伸展筋群よりも，さらに重要な働きをする筋のあることがわかってきた．それらは，骨盤の動きに関与する体幹深部筋（インナーマッスル）である内転筋，大腰筋，腸骨筋などである．

内転筋の横断面積と100m走記録との相関関係がハムストリングスの横断面積と100m走記録との相関関係よりも強いという狩野らの研究報告[8]を紹介したが，大腰筋とスプリンターの記録との相関関係はさらに高いことが，久野譜也講師（筑波大学）らによって確かめられている．

このことは，体幹部の深部筋すなわち体深筋がしっかりとしていることが，速く走るためには必要であり，それらは四肢が激しく動く場合の姿勢保持筋としての働きとともに，直接的な駆動力発揮源としての働きを担っていることを示している．

3）体幹部を鍛えるためのトレーニングマシン

スプリント・トレーニングマシンを用いた身体の動きを観察してみると，足部は常にペダルに密着して，足先を進行方向に向けて円の軌道を描く．これは，ゴールに向かって最短距離の直線上を移動することになる．このような足の動きの中で，身体重心を確実に左右脚に交互にバランスよくのせて走るためには，おのずと優れた身体バランスが要求される．足がまっすぐゴールにむかったまま身体を移動させようとすると，当然，股関節や骨盤および体幹部のひねり動作が必要になる．一方，肩の部分はそうしたひねり動作にもかかわらず，ゴールに向かったかたちで，あまり左右に大きく揺れたり，ひねられたりしない方が良い．

こうした条件から，股関節，骨盤および腹部や腰部の筋の働きとして，身体がひねられたかたちで身体バランスを保ち，なおかつ足部が直線的にゴールに向かった動きをすることができるように助けなければならない．そのためには，股関節のひねり動作に関与する内転筋や腸骨筋，および骨盤と脊柱を支える大腰筋などの体深筋の働きが重要性を増してくる．

内転筋は，股関節の内転動作ばかりでなく，その肢位によって股関節の伸展から屈曲，あるいは屈曲から伸展に作用する役割をもつ．疾走中

の支持期の中盤から後半にかけてみられる股関節の屈曲トルクを発生させるための原動力として，大腿直筋のほかに内転筋群の貢献が大きいということもわかってきた．内転筋は，骨盤の回転運動に寄与していると考えられることから，疾走中にダイナミックな動きをする脚に対して骨盤を安定させ，上体のバランスを保持することにも関係している．また，大腰筋は，胸椎や腰椎の突起部からおこって，大腿骨の内転，外旋や腰椎や骨盤を前下方に曲げるなど多関節筋としての働きをもち，体幹の安定に大きな役割を果たしている．

　ところで，こうした体幹深部の筋（体深筋）を鍛えようとすると，ハムストリングスのトレーニングの場合に遭遇したように適当なトレーニング方法がみあたらないという事実に直面する．メディシンボールやハードルなどを使ったトレーニングもある程度は有効である．しかし，体深筋に十分な刺激を与えることができるかどうかという点では理想的だとはいえない．そこで，体幹部の筋を鍛えるトレーニングマシンを新たに開発する必要性を強く感じ，そのことの実現にむけて努力することにした．その結果については，第3章に記述する．

第3章

筋パワートレーニングの工夫

1．身体のパワー発生系

　陸上競技をはじめ，スポーツのパフォーマンスを高めるためには，上肢や下肢の筋力を増強するだけでなく，体幹の筋力を鍛えて，身体のもつパワー発揮能力を高める必要がある．このことは，短距離や投擲種目に限らず，すべてのスポーツ種目に共通することである．

　スポーツ動作においては，運動の効率を高めるために，自然のうちに身体の各部位間でエネルギーのやりとり（エネルギーフロー）が行なわれている．すなわち，ランニングの場合，足で地面をキックした力が体幹部に伝えられ，体幹部からはキック力を高める力が足に伝えられる．これらの力のやりとりは，エネルギーの流出，流入というかたちで身体内を移動する．

　バイオメカニクスの研究分野では，こうした身体内のエネルギーの移動を身体の関節を介した物理的エネルギー量の移動として，数量的に算出することができる．スムーズで力強いエネルギーのやりとり（エネルギーフロー）が身体内で行なわれると，優れたパフォーマンスを生み出すことができる[3]．したがって，身体内でいかに効率よく，有効で力強いエネルギーを生み出し，エネルギーの流れの経路を築くか，ということが，運動の技術の中で最も核心的な課題となる．

　この課題に取り組むためには，適切な筋力の増強と同時に，エネルギーの流れやすい動作体系の構築をはかる必要がある．身体の関節を介して流れるエネルギーの相互伝達に有効で効率的な動作というものを無視して，個々の筋肉をトレーニングしても，パフォーマンスが向上しないということも多い．「理想とされる動作」を行なう中で，それに働く筋群をトレーニングするということを重要視しなければならない．

　いろいろなスポーツ動作で発揮される身体パワーの発生形態をエネルギーの流れという観点から分類すると，次の9つのパワー系に分けられる．

　①大腿パワー系，②骨盤パワー系，③長軸体幹パワー系，④斜軸体幹パワー系，⑤肩関節パワー系，⑥上腕パワー系，⑦前腕・手部パワー系，⑧下腿・足部パワー系，⑨頭頚部パワー系，である．

　このうち，強力なパワー発生系は，大腿パワー系，骨盤パワー系，長軸体幹パワー系，斜軸体幹パワー系，肩関節パワー系，頭頚部パワー系である（図3-

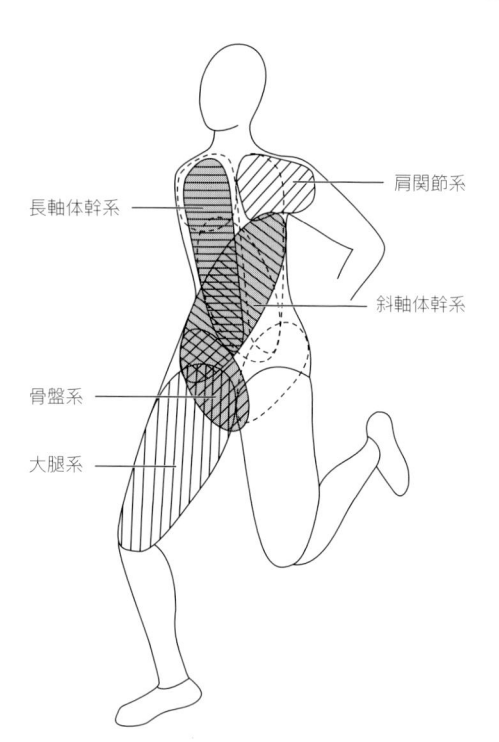

図3-1　身体パワー発生系

長軸体幹系
肩関節系
斜軸体幹系
骨盤系
大腿系

1)．上腕パワー系，前腕・手部パワー系，下腿・足部パワー系は，パワー伝達系としての役割が大きい．

発揮される力や筋パワーの大きさは，基本的に筋の太さおよび筋量に比例するので，大きな筋ほど力や発揮パワーが大きいと考えて良い．したがって，大きな筋を有する大腿，骨盤，腰部，胸部，肩部は大きなパワー発生源であり，これらのパワー発生源を有効に機能させるような動作を行なうことがパフォーマンスの向上を導く鍵となる．

2．パワー系を支える身体区分

身体内のエネルギーのやりとりは，身体分節を介して行なわれる．身体分節とは，関節によって区切られた身体の各部分を指すのであるが，ここでは，もっと大まかな区分で，上記のパワー系にかかわる身体区分を示すことにする．まず，身体構造のうち，長軸を大きく，①頭部と首，②肩と胸（体幹上部），③上腹部（体幹中部），④下腹部（体幹下部），⑤大腿，⑥下腿と足部，⑦上腕，⑧前腕と手部，に区分する．

人間の骨格は，脊柱がいわば大黒柱のように中心的な役割をもち，それを支える基盤として骨盤がある．脊柱の上部には重い頭蓋が乗り，骨盤は股関節を介して，両脚によって高く支えられている．脊柱からは左右に肋骨が伸びて，胸骨で合わさり，胸郭が形成され，胸郭を側背面からかぶせるようなかたちで肩甲骨があり，肩甲骨の先端に作られた肩関節によって，上肢が取り付いている．こうした骨格をしっかりと支えているのは，筋，靱帯，結合組織である．脊柱は，頸椎（7），胸椎（12），腰椎（5）が積み重ねられた構造になっており，腰椎に続く仙骨と尾骨は，左右の寛骨とともに骨盤を形成している．第5腰椎は，骨盤の一部に含まれる．骨盤を形成する寛骨は，腸骨，恥骨，坐骨から成り立っているが，3つの骨は互いに癒着して1つの寛骨となっている．椎骨と椎骨の間には，弾力性のある椎間板があり，座布団のような役割を果たして椎骨の運動を助けている．首を回す運動は，頸椎の運動，肩を水平方向に回して胸の向きを変える運動は，胸椎と腰椎の連動運動，骨盤（腰）を水平や斜め方向に回したり，ひねったりする運動は，股関節と腰椎の連動する運動である．

上記の身体区分を回転運動（または回旋運動）が可能な回転軸との関係から分類してみると，次のような回転系から構成されていると考えることができる（図3-2）．

①「頭部と首」は頸椎回転系，②「肩と胸」は肩甲骨・胸椎回転系，③「上腹部」は胸椎・腰椎回転系，④「下腹部」は骨盤・腰椎回転系，⑤「大腿」は股関節回転系．さらに，⑥「下腿と足部」は膝関節回転系，⑦「上腕」は肩関節回転系，⑧「前腕と手部」は肘関節を介した回転（回

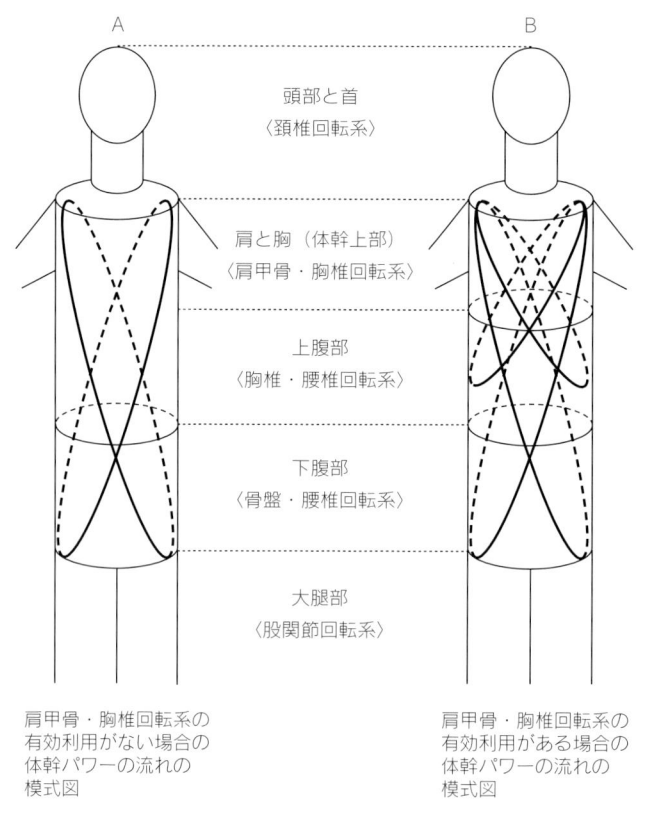

図 3-2 体幹の回転軸と体幹パワーの流れ（模式図）

旋）系，および屈伸運動系となる．手指，足指についても，屈伸運動系および回転系として細分可能である．

今，①〜⑤について，わざわざ「回転系」にこだわり，特に体幹部を図 3-2 の 4 つの回転系に区分したのは，スポーツ動作の中で，骨盤や体幹の回転やひねり動作をより有効に生かすことの重要性を指摘するためである．筋力トレーニングを行なう場合にも，こうしたパワー発生系と身体構造上の回転系を意識したかたちでトレーニングを行なうことが効果的である．体幹のひねりや回転，回旋運動，さらに脊柱の屈曲・伸展動作を有効に行なうことによって，体幹パワーの発揮威力が増し，地面からの反力を有効に生かしたかたちで身体各分節間でのエネルギー伝達がスムーズに進行する．

3．パワー系を支える筋群

1）大腿パワー系の筋群

　大腿前面には縫工筋と大腿四頭筋がある（図3-3）．縫工筋は，骨盤の前上腸骨棘と下腿の脛骨内側面と結ぶ長い筋で，大腿骨をまたぐ格好になっている．膝と股関節の屈曲や大腿の外旋に働く．

　大腿四頭筋は，大腿直筋，外側広筋，内側広筋，中間広筋の4つの筋から成り立っている．このうち，大腿直筋は骨盤の前下腸骨棘および寛骨臼上縁の溝の2カ所から起こり，大腿骨の前面を通って膝蓋骨の上縁と膝蓋靱帯を介して脛骨結節についている．大腿直筋は，膝関節の伸展と股関節の屈曲に機能する．旧来のもも上げ動作などの場合には主働的に働き，大腿直筋を鍛えることが高いもも上げ動作を導くとして重視された．しかし，今日では，もも上げ動作は大腿直筋のみに頼らない骨盤の動きをともなった方法を用いることが好ましいと考えられる．

　外側広筋は大腿骨の外側部分から起こり，膝蓋骨の外側縁につながっており，膝関節の伸展に働く．内側広筋は大腿骨の内側部分から起こり，膝蓋骨の内側縁などにつながって膝関節の伸展に働く．中間広筋は大腿骨の前面上部2/3付近から起こり，膝蓋骨の付近で大腿直筋や広筋群の腱の深層に合流し，膝関節の伸展に働く．

　大腿後面には，大腿二頭筋，半腱様筋，半膜様筋がある（図3-4）．これらは総称してハムストリングスと呼ばれている．大腿二頭筋の長頭は骨盤の坐骨結節と仙結節靱帯から起こり，短頭は大腿骨の粗線の外側唇外側上顆や外側筋間中隔から起こり，下腿の腓骨頭，脛骨の外側顆などに停止している．

　半腱様筋は大腿二頭筋の腱とともに坐骨結節の上内部のくぼみに起こり，下腿の脛骨内側面の上部と深筋膜に停止している．半膜様筋は，坐骨結節の上部と外側面から起こり，脛骨内側顆の内後面に停止している．

　これらの筋（ハムストリングス）の機能

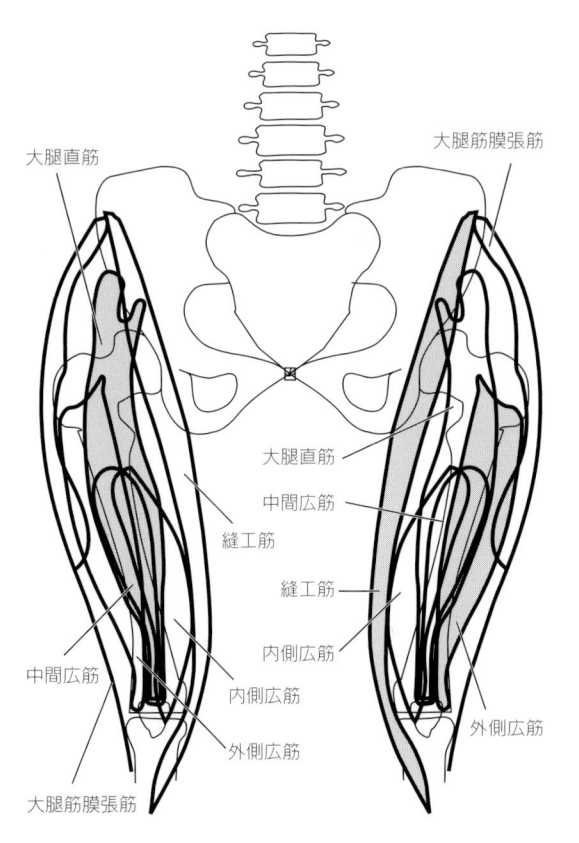

図3-3　大腿パワー系の大腿前面筋群

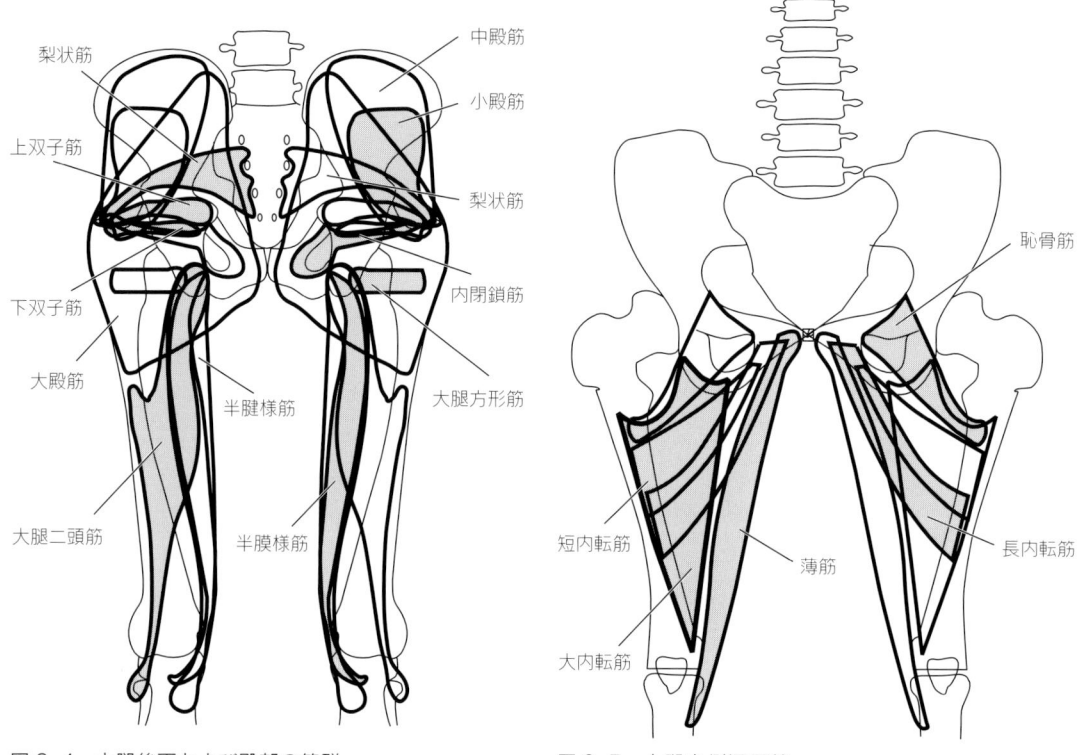

図3-4 大腿後面および殿部の筋群　　　　図3-5 大腿内側深層筋

は，膝関節の屈曲と股関節の伸展で共通的に働く．ランナーが肉離れを起こしやすい筋で，特にランニングでは股関節伸展筋群としての働きが大きい．ハムストリングスは，坐骨神経によって支配されている．

大腿内側には，薄筋，恥骨筋，長内転筋，短内転筋，大内転筋がある（**図 3-5**）．これらの筋は，いずれも大腿骨と骨盤とを結んでおり，股関節の内転，股関節屈曲にかかわっている．薄筋は骨盤の恥骨結合面から起こり，脛骨内側面の上部に停止する長い筋で，股関節で大腿の屈曲，内旋，大腿内転などに働く．恥骨筋，長内転筋，短内転筋は，それぞれの恥骨部分と大腿骨を結んでおり，大内転筋は坐骨結節および坐骨と恥骨の枝から起こり，大腿骨の広い範囲に縦長に停止している．内転筋群は，大腿と骨盤を結ぶ筋群として極めて重要で，股関節のひねり動作の場合に強く働く．

これまで内転筋群はランニングトレーニング等でのトレーニング対象筋として，あまり認められてこなかったが，大腿・骨盤の運動に関与する体深筋として大いに注目しなければならない筋群である．

2）骨盤パワー系の筋群

骨盤パワー系の筋群は，腸骨部の筋群と殿部の筋群に分けられる．
腸骨部の筋群は，大腰筋，小腰筋，腸骨筋である（**図 3-6**）．

大腰筋は第 12 胸椎と第 1 ～ 5 腰椎の横突起,椎体,椎間板の前面から起こり,腸骨筋とともに大腿骨小転子に付着して腸腰筋を形成している.MRI などで体幹部の断層写真を撮ると,スプリンターや優れたパワー発揮系スポーツ選手（例えばウエイトリフティングの選手等）では,大腰筋が太く発達している.大腰筋の機能は股関節の屈曲であるが,下肢を固定した場合には骨盤の方に脊柱を屈曲させる働きをもっている.深層筋（体深筋）のうち,大腰筋は脚部の動きを体幹側からコントロールする意味において,最も注目すべき筋であるといえる.

小腰筋は,第 12 胸椎および第 1 腰椎とその椎間板の側面から起こり,骨盤の恥骨筋線,腸恥隆起に停止している.脊柱に対して骨盤

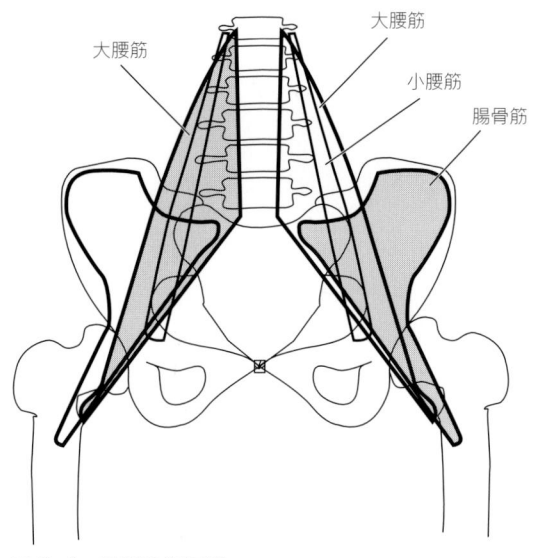

図 3-6　骨盤の深層筋

を屈曲する働きをもち,大腰筋を補助する.

腸骨筋は,骨盤の腸骨窩の上部 2/3,腸骨稜,前仙腸靱帯,腰仙靱帯,腸腰靱帯,腸骨翼など広い範囲から起こり,大腰筋腱,大腿骨の小転子,股関節包,大腿骨体に停止している.大腰筋とともに腸腰筋を形成する.機能は,股関節の屈曲で,大腰筋と同様,下肢を固定した場合に骨盤を前方に傾ける.

これら腸腰筋（大腰筋と腸骨筋の総称）は,脊柱と骨盤と大腿骨を結ぶ深層筋で,これまであまり注目されてこなかったが,これらの体深筋を鍛えることは,パフォーマンスの向上に効果的であると考えられる.

殿部の筋には,大殿筋,中殿筋,小殿筋,大腿筋膜張筋,梨状筋,内閉鎖筋,上双子筋,下双子筋,大腿方形筋,外閉鎖筋がある（図 3-4）.

大殿筋,中殿筋,小殿筋は,骨盤の外側部分と大腿骨を結ぶ構造となっており,その機能をみると,大殿筋は股関節の伸展,股関節内転および外旋の補助,体幹の伸展であり,中殿筋は股関節の外転,下肢伸展位では股関節の内旋,小殿筋は股関節の外転,下肢伸展位では股関節の内旋に働く.大腿筋膜張筋は,腸骨と大腿骨を結ぶ長い筋で,股関節の屈曲,外転,内旋の補助機能を果たす.

梨状筋は,仙骨と大腿骨大転子の上縁を結び,股関節の外旋,股関節屈曲時の股関節外転に働く.内閉鎖筋は,閉鎖孔縁などと大転子の内側面を結び,梨状筋と同様に働く.

上双子筋は坐骨棘の外面,下双子筋は坐骨結節の上部から起こり,ともに大転子の内側面に内閉鎖筋の腱とともに付着している.股関節の外旋に働く.

大腿方形筋は,坐骨結節の外側縁と大腿骨を結び,股関節の内転と外

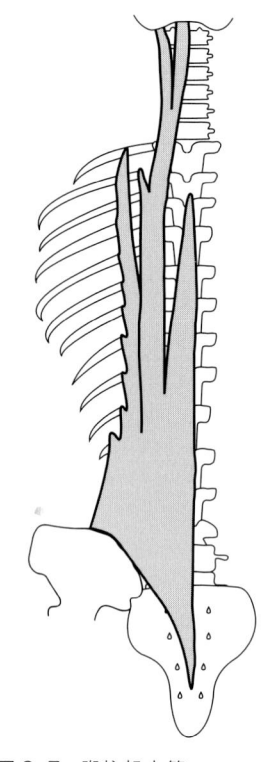

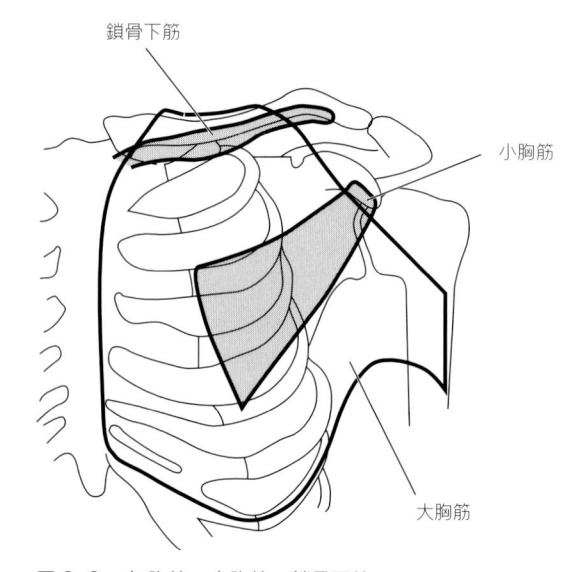

図3-7 脊柱起立筋　　　図3-8 大胸筋・小胸筋・鎖骨下筋

旋に働く．外閉鎖筋は閉鎖孔の外縁などから起こり，大腿骨の転子窩に停止し，大腿方形筋と同様の働きをする．

このように，大腿骨が骨盤に入る股関節まわりには，多くの筋が付着して，股関節の多様な運動を支えている．骨盤パワー系の筋群を鍛えることは股関節周りのパワーを高めることに直結する．

3）長軸体幹パワー系・斜軸体幹パワー系の筋群

脊柱と骨盤をしっかりとつなぐ深層筋に脊柱起立筋がある（図3-7）．脊柱起立筋は，骨盤（仙骨，腸骨稜）から起こり，頭蓋に至る別々の数個の筋束からなる細長い筋の集合体から成り立っている．その筋束の主な名称をあげると，腰腸肋筋，胸腸肋筋，頚腸肋筋，胸最長筋，頚最長筋，頭最長筋，胸棘筋，頚棘筋，頭棘筋などである．

脊柱には，この他，胸半棘筋，頚半棘筋，頭半棘筋，多裂筋，回旋筋，棘間筋，横突間筋がある．

脊柱起立筋は，仙骨，腸骨稜，胸椎，腰椎から起こっていることから，脊柱の伸展，側方への屈曲・回旋といった動きだけでなく，骨盤の側方移動や伸展に機能している．

胸部には大胸筋，小胸筋，前鋸筋，鎖骨下筋がある（図3-8）．大胸筋は鎖骨，胸骨，肋骨から起こり，上腕骨につながっており，小胸筋は

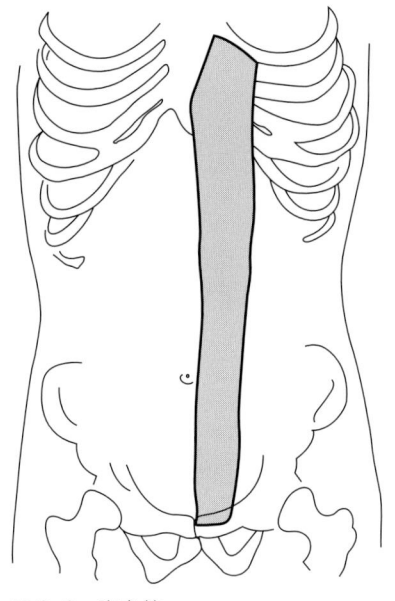

図3-9 腹直筋

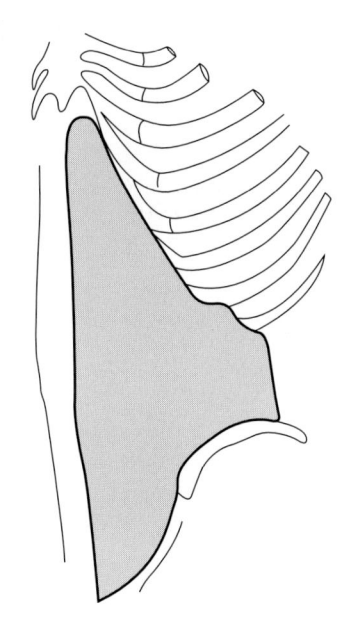

図3-10 内腹斜筋

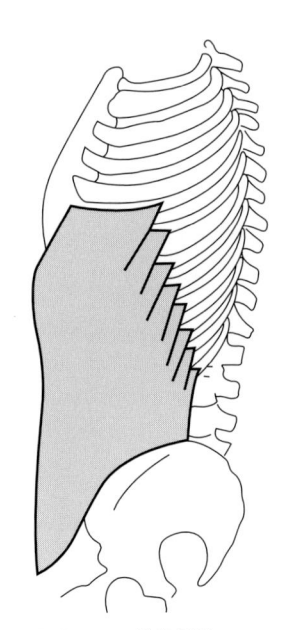

図3-11 外腹斜筋

肋骨と肩甲骨の烏口突起を結んでいる.
　大胸筋は肩関節の内転,前方挙上,内旋,小胸筋は肩甲骨を下げて肩を前方へ突き出す時に働く.胸部の筋は,肩関節の運動との関連で考えられる必要がある.
　腹部前面には,腹直筋,内腹斜筋,外腹斜筋がある(**図3-9,10,11**).
　腹直筋は,恥骨結合および恥骨稜から起こり,上端は剣状突起の前面

と第5，6，7肋骨の軟骨面につながっている．腹部の圧縮や腹部内臓の保護，骨盤と脊柱の屈曲などに働く．ランニングの強い前傾姿勢を保つ時には，腹直筋が機能する．

内腹斜筋は，腰筋膜，腸骨稜，鼠径靱帯の外側から起こり，最下位3本の肋骨の軟骨と第10肋軟骨から恥骨まで広がる扇状の腱膜に付着している．腹部の圧縮や内臓の保護に活動する．

外腹斜筋は，下位8本の肋骨外側面から指状に出ている筋線維束から起こり，腸骨稜から前腹壁の腱膜についている．腹部の収縮，内臓の保護，強い呼気の場合に働く．

体幹をひねる動作を行なう場合には，外腹斜筋，内腹斜筋など腹部を保護する筋群の働きが重要となる．腹部には，さらに腰方形筋，錐体筋，腹横筋，精巣挙筋などの筋がある．腰方形筋は，腸腰靱帯，腸骨稜後部から起こり，肋骨，腰椎に停止し，体幹の屈曲を補助する．

4）肩関節パワー系の筋群

体幹の背面には脊柱と上肢をつなぐ筋がある．それらは，僧帽筋，広背筋，大菱形筋，小菱形筋，肩甲挙筋である（**図3-12**）．最も大きな筋は，僧帽筋で外後頭部隆起および脊柱の第12胸椎の細長い範囲から起こり，鎖骨の外側1/3，肩甲棘，肩峰に停止している．肩甲骨の内転と回旋，顎の傾斜などに働く．広背筋も第7胸椎から下部の胸椎，腰椎，腰仙筋膜，腸骨稜などから起こり，上腕骨に停止する大きな筋である．肩関節の内転，伸展，内旋に作用する．

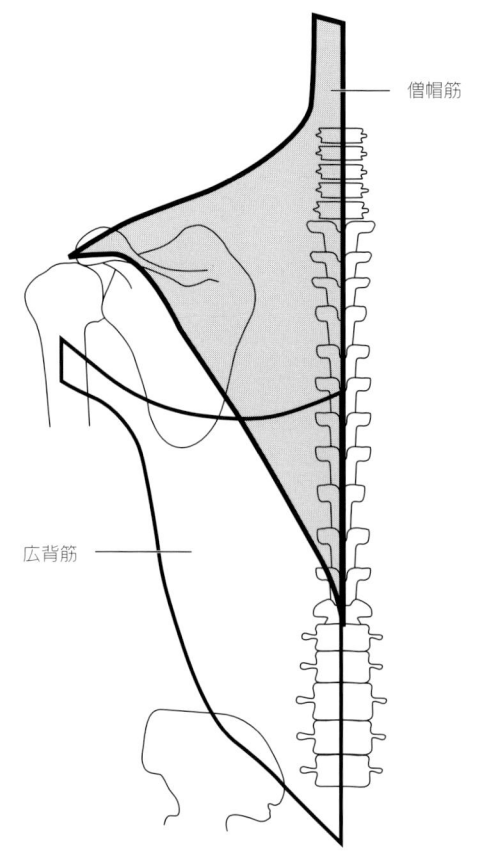

図3-12　僧帽筋・広背筋

大菱形筋は第2～5胸椎から起こり，肩甲骨の内側，小菱形筋は頚椎と第1胸椎から起こり，肩甲棘の起始部につながっている．いずれも肩甲骨の内転と回旋に働く．肩甲挙筋は頚椎と肩甲骨内側縁をつなぎ，肩甲骨を固定した場合には頚を傾けることに働く．

このように，肩関節パワーに関する諸筋は，いずれも肩甲骨とつながっており，肩甲骨をいかに上手に運動させるか，ということがスポーツパフォーマンスを高める上で重要である．

肩には三角筋，肩甲下筋，棘上筋，棘下筋，小円筋，大円筋がある（**図3-13，14**）．三角筋は鎖骨の外側1/3，肩峰上面，肩甲棘が起こり，上腕骨の三角筋粗面に停止している．肩関節の外転に機能する．肩甲下筋は，肩甲骨下窩から起こり，上腕骨の小結節と肩関節包についており，肩関節の内旋および上腕を上げた時の位置で肩甲骨を前方かつ下方に引

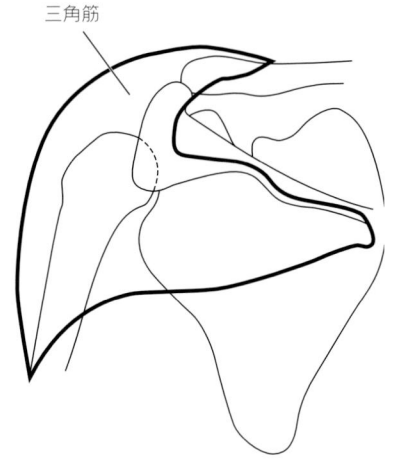

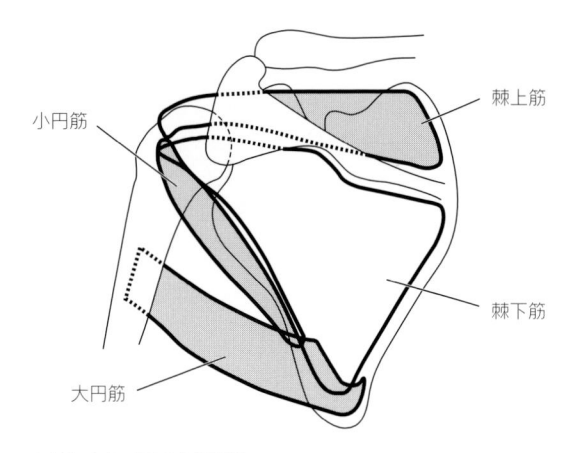

図3-13 三角筋　　図3-14 肩の深層筋

く働きをもっている．棘上筋，棘下筋，小円筋，大円筋はそれぞれ肩甲骨の棘上下，棘下窩，腋窩縁背側面，下角の背側面から起こり，上腕骨に停止している．その機能は，いずれも上腕の外旋および内転，肩関節を後方へ引くなどである．

　胸部には大胸筋，小胸筋，前鋸筋，鎖骨下筋がある．大胸筋は鎖骨，胸骨，肋骨から起こり，上腕骨につながっており，小胸筋は肋骨と肩甲骨の烏口突起を結んでいる．前鋸筋は肋骨と肩甲骨の内側縁をつなぎ，鎖骨下筋は第1肋骨と鎖骨を結んでいる．大胸筋は肩関節の内転，前方挙上，内旋，小胸筋は肩甲骨を下げて肩を前方へ突き出す時，前鋸筋は肩甲骨の外転，鎖骨下筋は鎖骨を引き下げ，前方へ突き出す時に働く．胸部の筋は，肩関節の運動との関連で考えられる必要がある．

　これらの筋群の総合的な働きによって肩関節パワーが発揮されるが，それらは肩甲骨の運動と密接な関係をもっており，肩甲骨の動きを意識した肩関節パワーの発揮をはかる必要がある．

5）上腕・前腕・手部パワー系の筋群

　上腕には烏口腕筋，上腕二頭筋，上腕筋，上腕三頭筋がある．烏口腕筋は，肩関節の屈曲と内転，上腕二頭筋は肘関節の屈曲および前腕の回外，前腕を固定した場合に肩関節の屈曲に働く．上腕筋は肘関節の屈曲，上腕三頭筋は肘関節の伸展などに働く．

　前腕には，前腕掌側の浅層に円回内筋，橈骨手根屈筋，長掌筋，尺側手根屈筋，浅指屈筋があり，浅層には深指屈筋，長母指屈筋，方形回内筋がある．前腕背側には，浅層に腕橈骨筋，長橈側手根伸筋，短橈側手根伸筋，指伸筋，小指伸筋，尺側手根伸筋，肘筋があり，深層には回外筋，長母指外転筋，短母指伸筋，長母指伸筋，指示伸筋がある．

　これらの諸筋の働きについては，前腕の回内または回外，指の屈曲ま

たは伸展，肘関節の屈曲補助，手関節の屈曲と伸展，などに働く．

　手の筋には，短母指外転筋，母指対立筋，短母指屈筋，母指内転筋，短掌筋，小指外転筋，短小指屈筋，小指対立筋，虫様筋，背側骨間筋，掌側骨間筋がある．これらの諸筋によって複雑な手の動きが可能となっている．

6）下腿・足部パワー系の筋群

　下腿前面には，前脛骨筋，長母指伸筋，長指伸筋，第三腓骨筋があり，下腿後面には，浅層に腓腹筋，ヒラメ筋，足底筋，深層には，膝窩筋，長母指屈筋，長指屈筋，後脛骨筋がある．また，外側には長腓骨筋，短腓骨筋がある．下腿前面の筋は，足関節の背屈，下腿後面および外側の筋は，膝窩筋以外は足関節の底屈に機能する．膝窩筋は膝関節屈曲に働く．

　足には，短指伸筋，母指外転筋，短指屈筋，小指外転筋，足底方形筋，虫様筋，短母指屈筋，母指内転筋，短小指屈筋，背側骨間筋，底側骨間筋がある．足指の屈曲や伸展，指の外転などに働く．

7）頚および後頭下の筋

　頚には17の名称筋があり，その主なものは，広頚筋，胸鎖乳突筋，頚長筋，頭長筋，前頭直筋，外側頭直筋，前斜角筋，中斜角筋，後斜角筋などである．また，頭板状筋と頚板状筋は，頚椎および胸椎から起こり，側頭骨とつながり，頭と頚の伸展と側方屈曲および回旋に機能している．

　後頭下には大後頭直筋，小後頭直筋，下頭斜筋，上頭斜筋があり，頭の伸展，側屈，回旋などの運動に働いている．

4．パワー発生系別の筋パワートレーニングの方法

　身体のパワー発生系にかかわる筋群のトレーニングは，それぞれのスポーツや活動におけるフォームや筋の働きおよび動作範囲と類似であることが理想的である．このためには，単関節運動を主とした個別筋のトレーニングではなく，複合関節の関与する動作によるトレーニングが行なわれることが肝要である．

　また，トレーニング動作の中に体深筋を鍛える要素が重視されることが望ましい．体深筋のトレーニングの方法は未知の部分が大きいが，体の外側に近い表層筋をリラックスさせたかたちで，体幹部の筋力発揮を行なうことが体深筋を鍛える基本的な要素となる．ここでは，体深筋のトレーニングを含めた体幹パワートレーニングの方法を考える上で，「認知動作型トレーニングマシン」を紹介し，いろいろな筋力トレーニングを考える上での参考にしてもらいたい．

第3章 筋パワートレーニングの工夫 63

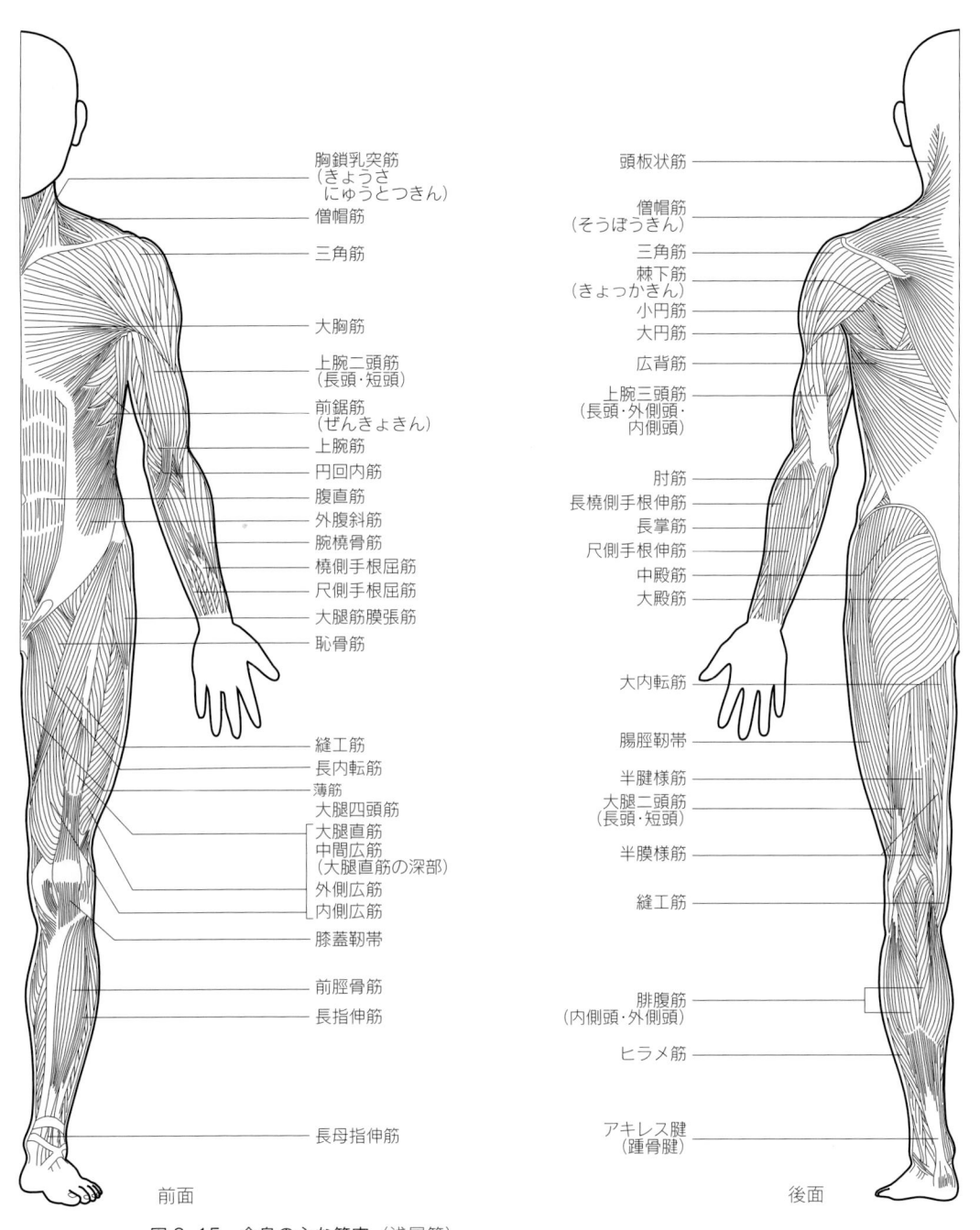

前面

- 胸鎖乳突筋（きょうさにゅうとつきん）
- 僧帽筋
- 三角筋
- 大胸筋
- 上腕二頭筋（長頭・短頭）
- 前鋸筋（ぜんきょきん）
- 上腕筋
- 円回内筋
- 腹直筋
- 外腹斜筋
- 腕橈骨筋
- 橈側手根屈筋
- 尺側手根屈筋
- 大腿筋膜張筋
- 恥骨筋
- 縫工筋
- 長内転筋
- 薄筋
- 大腿四頭筋
- 大腿直筋
- 中間広筋（大腿直筋の深部）
- 外側広筋
- 内側広筋
- 膝蓋靱帯
- 前脛骨筋
- 長指伸筋
- 長母指伸筋

後面

- 頭板状筋
- 僧帽筋（そうぼうきん）
- 三角筋
- 棘下筋（きょっかきん）
- 小円筋
- 大円筋
- 広背筋
- 上腕三頭筋（長頭・外側頭・内側頭）
- 肘筋
- 長橈側手根伸筋
- 長掌筋
- 尺側手根伸筋
- 中殿筋
- 大殿筋
- 大内転筋
- 腸脛靱帯
- 半腱様筋
- 大腿二頭筋（長頭・短頭）
- 半膜様筋
- 縫工筋
- 腓腹筋（内側頭・外側頭）
- ヒラメ筋
- アキレス腱（踵骨腱）

図 3–15　全身の主な筋肉（浅層筋）
（中本　哲他著：からだを動かすしくみ．p125, 杏林書院, 2001 より引用改変）

なお，全身の主な筋肉（浅層筋）を図3-15に示した．

1）大腿・骨盤パワー系のトレーニング

従来，大腿パワー系の筋力トレーニングは，レッグエクステンションマシンを用いた膝伸展動作や，レッグカールマシンを用いた膝屈曲動作を主として行なわれてきた．

膝伸展動作では，膝関節伸展筋である大腿四頭筋（大腿直筋，外側広筋，内側広筋，中間広筋）が鍛えられ，膝屈曲動作では，ハムストリングス（大腿二頭筋，半腱様筋，半膜様筋）および大殿筋などの股関節伸展筋群が鍛えられる．しかし，レッグエクステンションやレッグカールは，膝関節を中心軸とした単関節一軸方向の筋力トレーニングであるため，実際に力強くランニングをする時に働く大腿内側の体深筋である内転筋群（大内転筋，長内転筋，短内転筋），薄筋，恥骨筋などを鍛える効果が期待できない．これらの筋は，大腿骨と骨盤を結んでおり，股関節のひねり動作をともなう動きの面で強く働いており，身体バランスや着地，キック，キック後の脚の前方スウィング動作の際に重要な役割を演じている．

大腿の筋群と股関節を取り巻く筋群を同時に鍛える方法として，バーベルスクワットが多くの選手に好んで用いられている．スクワットは，膝関節の伸展と股関節の伸展によって，大腿四頭筋，ハムストリングス，大殿筋を強化することができる．ハムストリングスは，膝関節と股関節をまたぐ2関節筋であり，膝関節の屈曲筋および股関節の伸展筋として働き，骨盤の運動に深くかかわっている．スクワットでは，バーベルをかついだ膝屈曲姿勢から，膝と腰を伸展させると，ハムストリングスは股関節の伸展筋として働くため，スクワットは大腿四頭筋，大殿筋，ハムストリングスの3者を同時に鍛えるという意味で重要な種目であるといえる．

しかし，スクワットにはスポーツパフォーマンスを高める上で，重大な欠点となる要素がある．それは，スクワットを行なう際に，正しい姿勢とされている「胸を張って脊柱を伸ばし，尻を後方に突き出した姿勢」である．このスクワット姿勢は，上から重量負荷が加えられた場合に，脚腰で支える安全な姿勢としては適しているが，これは「重さ」という上からの重力および重力加速度に耐えるための姿勢であって，尻を後方に突き出した姿勢（いわば出っ尻姿勢）では，骨盤の角度が下向きなる．スプリント姿勢に優れた黒人選手では，殿部の筋が発達しているため，尻が後方に突き出しているように見えるかもしれないが，必ずしも骨盤の角度が下向きになって走っているわけではない．

人体の構造から理論的に走動作を考えてみると，出っ尻姿勢では，膝の前方への振り出し動作時に膝が高く上がらず，ストライドが狭くなり，大腿四頭筋への負担が大きく，疲労しやすい走法となる．したがって，

出っ尻スタイルのスクワットは，1〜数回にわたって，強い力を発揮することができても，ランニングのような繰り返しの多い連続的動作では，優れた走能力を発揮しにくくする．また，出っ尻スタイルの走動作では腰への負担が大きくなる．骨盤の傾きの角度は，極めて重要な要素であり，パワー発揮を行なう時は，出っ尻ではなく，むしろ尻をやや引き気味に骨盤の下端（恥骨）をやや前方へ傾き加減にした姿勢をとった方が強いパワー発揮ができる．強いパワーを発揮する時は，肛門をひきしめるようにすることが，あらゆる武術では基本の事項であるが，出っ尻スタイルでは肛門をひきしめることが難しい．「大きな力に安全に耐える」という防御的な姿勢と，「大きなパワーを自分自身が発揮する」というパワー発揮姿勢は異なることを理解しておくことが大切であろう．

　このことから，ランナーでは，フルスクワットでのトレーニングは体重の1.5倍程度で良く，2.0倍以上の負荷を用いることの必要性は薄いと考えられる．ただし，跳躍の踏み切り時に生じるような上方からの大きな重力負荷に耐えなければならない種目の選手では，極端な出っ尻姿勢をとらずに動作できる範囲のフルスクワット重量を用いてトレーニングすべきである．ボディビルダーのためのトレーニングと陸上競技選手のための筋力トレーニングの方法は，細かい点で異なる場合が多い．

　大腿・骨盤パワー系のトレーニング法として，自転車運動型のマシンが開発された．それは，スプリント・トレーニングマシンの自転車版で，パワーアップを目的としており，「車軸移動式自転車型スプリントパワートレーニングマシン」と名付けられた．

　従来の自転車エルゴメータのペダリングは，スポーツ障害を生じてランニングができない時などの場合に筋力トレーニングや体力保持の方法として用いられてきたが，筋力トレーニングや筋パワートレーニングを目的とした場合には，活動する筋群の運動範囲が狭く，走運動に必要な筋群のトレーニングには不十分であった．特に，従来の自転車エルゴメータでは大腿四頭筋を主働筋とした膝関節伸展筋群のトレーニングが主となり，ハムストリングス等の股関節伸展筋群へのトレーニング効果は少なく，股関節を取り巻く骨盤パワーを高めるには不十分であった．そこで，自転車エルゴメータの簡便性を生かし，しかも大腿パワー系および骨盤パワー系にかかわる筋群のトレーニングマシンとして「車軸移動型の自転車エルゴメータ」の開発が意図された（第4章参照）．

　このマシンは，ペダルアームの回転に合わせて車軸が前後に移動するもので，足の運動軌跡は楕円形を描き，踏み込みから着地およびキック前半に相当する運動範囲では，強い負荷がかかり，その他の運動範囲では無負荷となっている．踏み込み時に膝の上に腰を乗せて体重をペダルにかけながら強い筋力を発揮することによって，ペダルアームが回転し，車軸が後方へ移動することから，骨盤は，やや斜め上方へ傾いた位置から斜め下方に傾くかたちで捻られ，キック動作に移行する．キック後の

脚の前方への振り戻し時に腰も斜め上方へ引き上げられる．こうした骨盤の動きによって，骨盤パワー系に関与する大腰筋，腸骨筋など体深筋の強い働きが生ずる．内転筋，殿筋（大・中・小）等にも強い働きが見られる．

車軸移動式自転車型スプリントパワートレーニングマシンでは，これまで意識化されなかった骨盤を取り巻く体深筋が強くつかわれるため，不思議な筋疲労感を体感する．これらの筋群を積極的に鍛えることは，今後トレーニング上の重点項目となるべきであると考えられる．

2）長軸体幹パワー系および斜軸体幹パワー系のトレーニング

長軸体幹パワー系の筋力トレーニングは，脊柱起立筋，大胸筋，腹直筋などを対象として，身体正面に対して前後方向に動作することによって筋群を鍛えるものである．代表的な運動はシットアップ系（いわゆる腹筋運動系）のものであり，デクラインシットアップ，フロアシットアップ，トランクカール，およびアブドミナルマシンを用いた腹筋運動などがある．

また，脚を持ち上げることによって腹筋を鍛えるレッグレイズ系の運動として，レッグレイズ，ニーツーチェスト（膝の胸への引きつけ），脊柱起立筋群へのトレーニングとしてデッドリフト，グッドモーニングエクササイズ，バックエクステンション，ハイパーエクステンションなどがある．

デッドリフトは，股関節の伸展が主動作となるが，脊柱起立筋（下部）や広背筋，僧帽筋などの関与も大きい．グッドモーニングエクササイズは，バーベルを背負った状態で前屈するため，腰椎に過大な負荷がかかりやすく，腰を痛めやすい．バックエクステンションは，いわゆる背筋運動であるが，実は股関節の伸展運動であることを理解しておく必要がある．腰椎を屈曲伸展させるやり方は，腰を痛めやすい．

長軸体幹パワー系のトレーニングは，腹筋，背筋運動として，伝統的に行なわれてきた方法から脱却できないでいるようである．また，選手にとって，あまり面白味のない基礎的補助運動としてとらえられているので，必要性を知りながら敬遠する傾向もみられる．

斜軸体幹パワー系のトレーニングでは，内腹斜筋，外腹斜筋，および肩関節運動と股関節運動にかかわる筋群のトレーニングを総合的に行なう必要がある．内腹斜筋や外腹斜筋のトレーニングは，体幹をひねったシットアップ系の運動と両脚を挙上したかたちで，パートナーに両脚に上から力を加えてもらう運動，さらにバーベルを背負って体幹をひねる運動などが行なわれている．斜軸体幹パワー系の筋トレーニングの方法は，その方法が非常に難しく大いに工夫すべき内容であると考えられる．モーリス・グリーンの所属する HSI は体幹筋力トレーニングを極めて重視して選手に特殊トレーニングを行なわせていると推察されるが，そ

の全容は秘密にされているようである．斜軸体幹パワー系のトレーニングは，特に体幹のひねりを必要とする投擲種目のトレーニングには必要である．このように，体幹パワーのトレーニング法には現状においてバリエーションが少ない．そこで，体幹パワートレーニングマシンの開発を試みた．

長軸体幹パワー系のトレーニングマシンとして「舟漕ぎ動作型マシン」，「スローイン動作型マシン」および斜軸体幹パワー系のトレーニングマシンとして「ストラッグル・格技型マシン」，「投擲用スウィングパワートレーニングマシン」，「ゴルフスウィング動作型マシン」などが開発された．これらのマシンについては，次章で詳述する．

それらのマシンの特徴は，抵抗負荷装置に「電磁式ブレーキ」が用いられていることである．電磁式ブレーキは，①衝撃力が小さい，②等粘性抵抗負荷である，③動作切り換え時に，負荷に「遊び」が生じない，という特性をもっている．

マシンの抵抗負荷の大きさをあらかじめ負荷調整機によって設定しておくが，電磁式ブレーキの等粘性負荷の性質によって，強い力で素早く押したり，引いたりすると，加えた力や速さに反応するように抵抗負荷が大きくなり，ゆっくりした速度で押したり引いたりすれば，抵抗負荷は小さい．

したがって，力の入れ加減と運動速度を運動中に随時調節しながらトレーニングをすることができる．力を加えて運動速度を高めれば，どの運動位置からでも瞬時に抵抗負荷が増大するところから，いわゆる「初動負荷」が随時得られるマシンでもある．

電磁式ブレーキを抵抗負荷に用いたマシンは，「押し・引き」「押し・引き」といった動作方向が逆転する連続動作を行なう際，動作の切り換え時点で，抵抗負荷に遊びを生じることがなく，動作方向の変化に対して，逆方向への力の慣性を生じさせずに即時的に抵抗負荷が逆方向に対応できるという優れた機械的特質を有している．この機械的特質を利用して，素早い切り換え動作時にともなう筋パワー発揮能力の向上および余備動作によって生じると考えられる筋パワー蓄積能力の向上などを図ることができ，これまでのトレーニングマシンでは実現が難しかった「切り換え動作型筋パワートレーニング法」（スウィッチモーション・パワートレーニング法）を可能にした．

3) 肩関節パワー系のトレーニング

肩関節をとりまく筋群のトレーニングはウエイトトレーニングにおいて好んで用いられており，その種類も多い．肩甲骨は第2の骨盤であると考え，肩関節と肩甲骨の動きの連関を重視したトレーニング法を用いることが重要である．

三角筋，僧帽筋のトレーニングとして，プレス系種目（スタンディン

グプレス，シーティッドダンベルプレス，ショルダープレスなど）が代表的である．広背筋および周辺の筋群のトレーニングとして，ローイング系（ベントオーバーロウ，フロアプーリーなど），プルダウン系（チン・ビハインドネック，ラットプルダウン）およびプルオーバー系（プルオーバー）などの種目が多く用いられている．

また，大胸筋のトレーニングとして，ベンチプレス，ダンベルフライ，ペックディックフライ（通称バタフライ）などが行なわれている．

これらのトレーニングは，主として筋肥大を意図している場合が多く，力がかかる方向も「下から上」，「水平方向」，「上から下」といった運動の形態がとられており，実際のスポーツ動作とはあまり縁のないポーズで行なわれている．

このような，いわゆるボディービル型のトレーニングではなく，競技力向上のトレーニングの方法として，「投球・プッシュ動作型マシン」，「スローイン動作型マシン」，「ベッド移動式プル動作型マシン」などが開発された．

認知動作型のトレーニングマシンを用いたトレーニング方法を従来のトレーニング方法に加えることによって，極めて効率的にトレーニング効果を上げることができる．

5．伸長・短縮性筋収縮の応用

筋力・筋パワー向上のトレーニングを行なう場合，できるだけ機能効率を高める方法を工夫すべきであろう．

一般に筋力を発揮する場合，その発揮様式の違いから，「静的筋力」「動的筋力」と呼ばれることがある．静的筋力は，関節角度が一定で物の移動が生じない状態で発揮される筋力を指し，動的筋力は，関節を動かして物を移動させる際に発揮される筋力を指している．静的筋力は等尺性筋力（アイソメトリック），動的筋力は等張力性筋力（アイソトニック）とも呼ばれ，筋線維の収縮様式からみると，等尺性筋力は筋線維の等尺性収縮，等張力性筋力は筋線維の短縮性収縮または伸張性収縮によって成り立っている．動的筋力には，外力とのかかわりによって，等速性筋力，増張力性筋力といった筋力発揮様式も含まれ，それらはそれぞれ筋線維の等速性収縮，増張力性収縮といった活動によって支えられている．

確かに，筋力測定の場合のように測定条件を一定とした場合には，このように個別な様式で発揮される筋の働き方を知ることができるが，実際のスポーツや運動の場面では，これらの筋力発揮様式がさまざまなかたちで働いており，筋の働きについては，より深い洞察が必要である．

人間の骨格筋は，腱組織を介して骨と結合しているので，筋と腱組織を合わせた「筋腱複合体」として，筋の働きをとらえることが必要であ

る．腱組織は，弾性体としての性質をもち，作用する力によってその長さを変化させ，さまざまな働きに関与している．

例えば，関節の角度が変わらない状態での等尺性（アイソメトリック）筋力発揮では，筋の長さが変わらずに筋力が発揮されると理解されてきた．しかし，事実はそうしたことではないことが明らかにされてきた．等尺性筋力発揮といっても，実際は筋線維は収縮し，その分だけ腱が伸長し，全体として長さが変わらないということである．

福永哲夫教授（東京大学）を中心とした研究グループでは，超音波法を用い筋腱複合体の働きについて画期的な研究成果を次々と積み上げてきている[11]．

例えば，歩行運動で効率的なエネルギー発揮が行なわれているのは，腓腹筋が短縮性収縮することに先立って伸張性収縮が行なわれるためであるといわれてきた．

しかし，超音波法を用いて歩行中の腓腹筋の筋線維と腱の長さの変化をとらえてみると，腓腹筋が活動しているときには，筋線維の長さはほとんど変わらず，腱組織に著しい伸長がみられた．このことは，筋腱複合体が長く伸びる加速相において，筋線維は等尺性収縮による力発揮をしており，この間に腱組織には伸長によって弾性エネルギーが蓄積されていることが観察された．

また，反動をつけないで，膝を90°屈曲させた姿勢から全力で垂直跳を行なった場合，腓腹筋とアキレス腱の筋腱複合体では，全体の長さは第1段階では変わらないが，筋は短縮性収縮を行ない，腱組織は引き伸ばされる．第2段階の離地期では筋腱複合体の長さは短縮するが，筋線維は等尺性収縮を保ち，前段階で引き伸ばされた腱組織が短縮し，そのエネルギーで垂直跳動作が遂行されるということが明らかにされた．

ところで，スポーツや身体運動の成績を左右する要素として反動動作の利用ということがある．反動動作は，「筋の伸長・短縮サイクル（ストレッチ・ショートニングサイクル）」を利用したものであり，筋の伸張性収縮に続く短縮性収縮が高い機械的パワーを生み出すと考えられてきた．このことから，反動動作を用いた筋力トレーニングなどが行なわれている．

例えば，台から静かに飛び降り，着地とともに瞬間的に勢い良く跳び上がる方法によるプライオメトリックスは，着地の瞬間に大腿四頭筋や腓腹筋が引き伸ばされるというストレッチ効果を利用したものである．しかし，こうした動作を用いたトレーニングを考える場合には，筋ばかりではなく腱の伸縮特性を含めたかたちで「筋腱複合体の伸長・短縮サイクル」としてとらえることが重要である．反動動作が効率的に高いパワーを発揮することには，腱組織のもつ弾性要素が深くかかわっているからである．腱組織の弾性特性は，筋線維の収縮速度に大きく影響され，強い筋収縮が行なわれると腱の弾性も大きくなる．

「筋腱複合体の伸長・短縮サイクル」を利用する場合には，反動動作に向かうとき，あらかじめ筋の緊張状態がどの程度であるかによって腱組織の働き方も異なってくる．例えば，台から飛び降りるプライオメトリックスでは着地の直前に筋がリラックスされていることが大切な要素とされているが，実際に台から飛び降りる場合，初心者では強い筋緊張が生じてしまう．強い筋緊張（収縮）が生じていれば，着地の際の衝撃は腱の伸長によって受けとめられ，筋に強い収縮力を発揮させるためのトレーニング効果は半減してしまう．

反動動作を用いた筋力トレーニングを行なう場合にも，「筋腱複合体の伸長・短縮サイクル」を利用する場合には，筋は反動動作開始直前にリラックスされていることが望ましい．ところが，このリラックスが案外難しい．身体を危険から護ろうとする心の働きが防衛反応として筋を緊張させてしまうからである．トレーニングでは危険への心配がなく，安心して筋をリラックスさせ，しかも有効に筋腱が伸長された状態から短縮性収縮を生じさせる方法が工夫されるべきであろう．

筋が引き伸ばされるときに生じる伸張性収縮の性質を利用してフリーウエイトを用いたエキセントリックな筋力トレーニングが行なわれるが，この場合，筋は常に緊張状態を保ち続けることが普通である．エキセントリックトレーニングの要素をもち，切り返し動作時に短縮性収縮を起こす直前，ごく短時間「脱力性」または「緊張緩和性」のリラックスされた筋の伸長状態を生じさせるような筋力・筋パワートレーニングの方法が是非考えられるべきであろう．

実際のスポーツ動作では，筋腱複合体の「ストレッチ・ショートニングサイクル」を利用した場面が随所に存在し，優れたスポーツパフォーマンスを獲得するためには，こうした動作を有効に活用することが極めて大切である．「本当に強い力はリラックスされた状態から生まれる」といわれるのも，強い筋収縮を起こす直前にどれだけ筋がリラックスされて引き伸ばされていたか，ということに関連する．

現在行なわれている多くの筋力トレーニングの方法では，脱力性の筋伸長（ストレッチ状態）に続く短縮性筋収縮が行なわれる状態を作ることは，意外に難しい．しかし，そのようなトレーニング方法を開発することによって，筋力の向上とともに，筋をとりまく力発揮の環境（腱，骨，骨膜，靱帯，血管，神経など）を好転させることができるはずであると考えた．

スポーツ動作即応型のトレーニングマシンの多くは，こうした「脱力性筋伸長」に続く「短縮性筋収縮」を生じさせる動作様式を重視したトレーニングマシンであり，これらを称して，「認知動作型トレーニングマシン」と名付けた．「認知動作型トレーニングマシン」の詳細については，第4章に記述する．

第4章
認知動作型
トレーニングマシン

1．認知動作型トレーニングマシンの誕生

　認知動作型トレーニングマシンとは，これまでの筋力トレーニングの方法や，一般的な技術トレーニングでは実現が難しかったいくつかの課題の解決に向けて，新しく開発されたオリジナルなスポーツ動作即応型のトレーニングマシンに対する総合的な名称である．

　筋力トレーニングは，あらゆるスポーツにおける基礎体力をつけるための方法として広く用いられていると同時に，専門とするスポーツのパフォーマンスを向上させるための重要なトレーニングの内容として取り組まれている．

　ところが，トレーニングを積んで，ある段階に達すると，筋力は著しく増加したにもかかわらず，スポーツの競技記録があまり向上しない，という現象が生じることが少なくない．これは，筋力の増加が必ずしも目的とするスポーツの技術的内容とマッチングしていない，という原因によるところが大きい．

　一方，いくつかのスポーツでは，技術性が重要視されるあまり，体力トレーニングがおろそかにされている傾向もみられる．また，選手たちも技術的なトレーニングを好み，地味な体力トレーニングを敬遠する傾向もみられる．

　スポーツの指導書には，＜パフォーマンス＝体力×技術＞という公式のようなものが示されている．実際には，体力トレーニングの重要性はわかっていても，体力トレーニングがパフォーマンスの向上に直接的にあらわれない場合も多いことから，この公式は軽視されてしまうことも少なくない．

　体力トレーニングが直接的にスポーツパフォーマンスの向上を導く「的を射たトレーニング」であれば歓迎されるであろうし，より効率的なトレーニングによってパフォーマンスの向上をはかろうとするならば，＜体力×技術＞を同時進行的にトレーニングすることが得策で，トレーニング時間の節約にもなる．

　最近は，＜パフォーマンス＝体力×技術×心理＞というように，精神・心理面の要素を重視する考え方が一般的になりつつある．これらの諸要素は，ひとつにかたよることなく，バランス良くトレーニングされていくことが理想的であろう．＜パフォーマンス＝体力×技術×心理＞といった単純化された公式を，さらに現実的なかたちに書き直すと，＜パフォーマンス＝力×技×脳＞という考え方になる．＜パフォーマンス＝力×技×脳＞という考え方をトレーニングの方法として具現化したものが，スポーツ動作即応型トレーニングマシン，すなわち認知動作型トレーニングマシンである．

認知動作型トレーニングマシンの開発にあたっては，当初「パフォーマンスの向上に必要な技術性を構成する基本動作を学習するとともに，基本動作を支える筋群の働きを効率的に高める」ことが目的とされた．また，こうして作られたトレーニングマシンを利用していくうちに，こうしたマシンを用いたトレーニングでは，「脳の関与」が著しいことが判明した．このことが，「認知動作型トレーニングマシン」という名称の由来となっている．

認知動作型トレーニングマシンの特長として，概略次のような事柄を挙げることができる．

1) 認知動作型トレーニングマシンの特長

①スポーツ動作の学習およびフォーム矯正効果をもつトレーニングマシンである．
②複合関節関与型のトレーニングマシンである．
③重力負荷や重力加速度の影響が少ない．
④人体の構造に自然で，無理な力がかからない．
⑤体幹深部の筋群（体深筋）のトレーニングが可能である．
⑥トレーニングの基本動作条件以外の部分では身体操作上の自由度が高い．
⑦トレーニング動作の遂行にあたって，上位中枢（特に脳）の関与が大きい．
⑧ストレッチ・ショートニング型（伸長・短縮性筋収縮）の筋活動様式による筋トレーニングが無理なく効果的に行なわれる．
⑨スポーツ動作が理想的な形で形成されるための「基本要素からなる認知的動作」を用いてトレーニングが行なわれる．

2) 認知動作型トレーニングマシン利用効果の特長

①走フォームの改善（スプリント・トレーニングマシン）などスポーツ動作の技術的改善が短期間のうちにはかられる．
②大腿系，骨盤系，長軸体幹系，斜軸体幹系，肩関節系，などの体幹パワー発揮能力が総合的に高まる．
③スポーツ動作時の力の発揮と筋リラクセーションのあり方が学習できる．
④体幹部のひねり動作や骨盤の動きなど，体幹部の動作柔軟性を高めるとともに，身体左右アンバランスの矯正に役立つ．
⑤スポーツ傷害の予防に役立つ．

3) 認知動作型トレーニングマシンの種類

2001年現在までに，次のような認知動作型トレーニングマシンが開発されている．試作機に基づいて，一般普及を目的とした改良型の開発

も進んでいる．
①スプリント・トレーニングマシン（ランニング用）［略称：スプリントマシン，汎用型および普及型］
②スプリント・トレーニングマシンⅡ（走幅跳・跳躍用）［略称：幅跳用スプリントマシン］
③車軸移動式自転車型スプリントパワートレーニングマシン［略称：車軸移動式自転車エルゴメータ］
④舟漕ぎ動作型体幹筋力トレーニングマシン［略称：舟漕ぎマシン］
⑤ストラッグル動作型体幹筋力トレーニングマシン［略称：ストラッグル・格技型マシン］
⑥投球・投擲動作型肩関節パワートレーニングマシン［略称：投球・投擲動作型マシン］
⑦スローイン動作型体幹パワートレーニングマシン［略称：スローイン動作型マシン］
⑧投擲用スウィングパワートレーニングマシン［略称：スウィングパワートレーニングマシン］
⑨ゴルフスウィング動作型体幹筋力トレーニングマシン［略称：ゴルフマシン］
⑩ベッド移動式プル動作型体幹筋力トレーニングマシン［略称：ベッド移動式プル動作型マシン］

2．スプリント・トレーニングマシン

1) スプリント・トレーニングマシン開発の経緯

スプリント・トレーニングマシンの第1号試作機（K-9551型）は，3年がかりで1995年に完成した（図4-1）．

スプリント・トレーニングマシン開発の契機は，1991年東京で開催された第3回世界陸上選手権大会にある．日本陸上競技連盟バイオメカニクス研究特別班（総員79名）は，一流競技者の技術を動作学的に分析するため，数十台のビデオカメラや16mmカメラを駆使して，すべての競技について撮影し，その後約2年間をかけて分析結果をまとめ，報告書を出版するとともに，全10巻の技術ビデオを製作した．

この大会でカール・ルイスは100m走に9秒86の世界記録（当時）を樹立し優勝したが，その走技術は，日本選手のものとは著しく異なるものであった．

日本人は，マラソンなど持久的スポーツにおいては世界一線級の実力を発揮できるものの，100m走などスプリント種目では，当時の世界水準から大きく遅れており，黒人選手たちと比較し，遺伝的にとても太刀

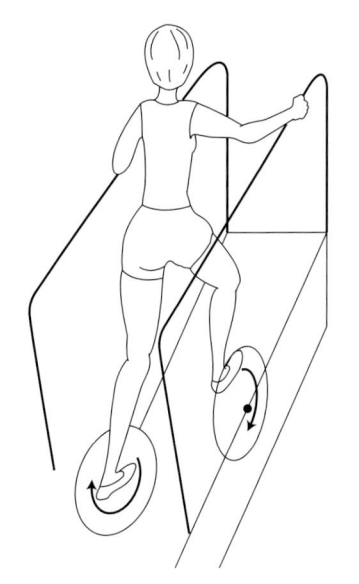

図 4-1　スプリント・トレーニングマシン
　　　　骨盤系パワートレーニング

打ちできないという考え方が一般的であった．また，わが国では短距離走技術に対する適切な理論構築ができていないことや，トレーニングに対する考え方もコーチによってまちまちであった．そこで，日本の短距離選手が世界水準で活躍するためには，科学的な知見に基づいて，スプリント・トレーニングの方策を新たに構築する必要があると考えた．

　カール・ルイスの走法を分析してみると，下肢全体が素早く回転するかたちでキック動作が行なわれており，そのためには，従来から良くトレーニングされてきた大腿四頭筋ばかりでなく，股関節の伸展筋群（大殿筋・ハムストリングスなど）を強化し，股関節を中心として大腿全体をスピーディに動作させることが必要であることがわかった．特にハムストリングスを主とした股関節伸展筋群を強化する方法として，ゴムチューブの利用や，筋力トレーニングマシン（レッグカールマシンなど）によるトレーニングが行なわれてきたが，必ずしも的を射たものではなかった．さらに，下肢全体を素早く動作させるためには，骨盤の動きおよび腰椎や骨盤と大腿骨を結ぶ大腰筋や腸骨筋などの体部深筋（体深筋）の働きの重要性なども見えてきた．こうした骨盤の動きにかかわる筋力トレーニングの方法についても当時は未知であった．

　そこで，「スプリント能力の向上にかかわる筋力強化は，走動作と類似な運動形態の中でトレーニングされることが理想的である」という考え方をベースとして，走能力改善の課題を解決できるマシンの開発を目指すことにした．

　まず，理想的な走動作のモデルをカール・ルイスの脚の軌跡から求めることに努力してみた．カール・ルイスが100mを9秒86で走った時

の脚の軌跡に基づいて，立体模型を作成することを試みたが，その先が行き詰まってしまった．そこで，カール・ルイスの脚の運びを生み出している動作の基本要素について考え直し，カール・ルイスの走りや理想であるべき走りに共通すべき要素について考えを発展させてみた．

その結果，「最も効率が良く，しかも速く走ることができる理想的な足の運びは，車輪の原理と同様に円運動を基本とした動きの組み合わせから成り立つべきである」という考えに達した．自転車のペダリングは円の回転運動であるが，これは走動作とは異なっている．自転車ペダルの回転運動を走動作の足の回転に近づけるためには，ペダルアームの回転軸がペダルが前に行った時は前方へ，ペダルが後方へ行った時は後方へ移動するという動作様式にならなければならない．さらに，左右の足が交互に前後移動するので，ペダルアームの回転軸も左右交互のタイミングで移動しなければならない．負荷のかかり方も，ハムストリングスを鍛えるという当初の目的にかなうものでなければならない．

このようないろいろな条件を考え合わせて，完成された試作機（K-9551型）は，次のような構成となっている．

2）スプリント・トレーニングマシンK-9551型（第1号機）の構成と作用

（1）構　成

この装置は基本的に，①クランク，アーム，ペダルをとりつけた移動式台座（左右一対・右脚用と左脚用），②動力部および動力伝達部，③負荷調節部，④手すり，から成り立っている．

トレーニングする人は，右脚用と左脚用の移動式台座に取り付けられたペダルの上に乗って立ち，足部はペダルに固定される．移動式台座は動力を用い，定められた一定速度で連続的に前後往復運動を繰り返すが，右脚用と左脚用は完全に交互にすれちがうタイミングで移動する．トレーニングする人は往復運動を繰り返す移動式台座の動きに合わせて，両足のペダリング運動を行なう．このことは，アームの回転軸が前後に移動する装置でのペダリング運動を行なうことを意味する．ペダリングでは，移動式台座が前方から後方に移動するタイミングに合わせて踏み込み，移動式台座が後方から前方に移動するタイミングに合わせて，ペダルを後方からペダルの回転軌道に合わせて円の軌跡を描きながら，前方へ引き戻すようにする．ペダルをとりつけたアームが水平位より低い運動範囲では，抵抗負荷がかかり，水平位より高い運動範囲では，無負荷となるように設計されている．このことは，水平位より低い運動範囲では，着地および体支持とキックに関連する筋力発揮を行ない，水平位より高い運動範囲では，キック後に脚を前方に引き戻すときに相当するため，通常の走動作の場合と同様に負荷のかからない状態をつくることを可能にしている．

図4-2，3は構成図である．ペダル（2）はマシン利用者の足底部を

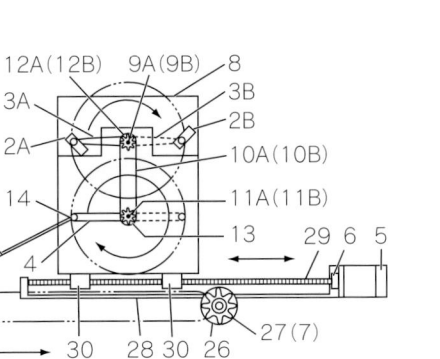

図4-2 スプリント・トレーニングマシンの構造図（横から見たもの）

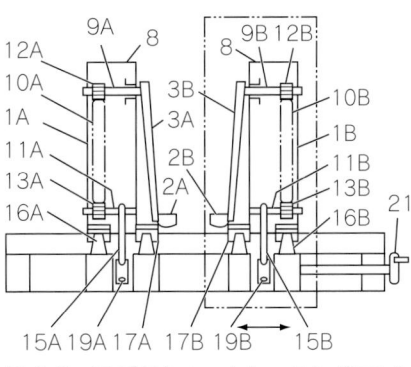

図4-3 スプリント・トレーニングマシンの構造図（前から見たもの）

支持する装置であり，ペダル上に備えられたベルト等により足底部は固定される．クランク（3）は上記ペダルの回転軸（9）を中心に回転させるための回転半径になる．歯付きベルト（12）は上記ペダル，クランクおよび回転軸の回転によってベルトの位相を進行させ，下回転軸（13）を回転させる．カム機構（11）は，上記回転軸まわりの回転を負荷伝達軸（15）と結びつける．また，スーパーボール・レールシステム（16）は移動式台座（8）を前後に移動させる稼動システムである．移動式台座はシステムテーブル（6）内の駆動装置により，スーパーボール・レールシステム上を前後に一定周期で移動するが，移動速度は調節可能である．負荷伝達軸（15）のカム機構反対側端部は，チェーン（19）と接続しており，さらにチェーンは負荷装置（27）につながっている．負荷装置はソレノイド等による電磁ブレーキで負荷の値は可変である．この装置によりチェーンが前方から後方（**図4-2**で右から左）に進行した時のみ，チェーンの進行を抵抗するように負荷がかかる．

　ペダル回転運動と移動式台座の前後運動が組み合わされた総合運動に対して，一定の運動範囲で負荷がかかることになる．また，この装置は左右対称な2組の装置からなり，交互に独立して稼動することが可能となっている．さらに，2つの移動式台座はハンドル操作により，横方向へのセット位置の移動が可能になっており，左右のペダルの間隔を調節する．これによりオペレータの体格に合わせた適切なセッティングが可能である．

(2) 作　用

　人間の走運動（スプリント走）における一流選手の腰，膝，足部（くるぶし）の運動軌跡を側面から股関節を基準点として描いてみると**図4-4**のようになる．区間ABは振り下ろし期，区間BCは接地期，区間CDは蹴り上げ前期，区間DEは蹴り上げ後期，区間EAは振り戻し期にあたる．通常の走動作では，接地期において，接地前期は着地動作，

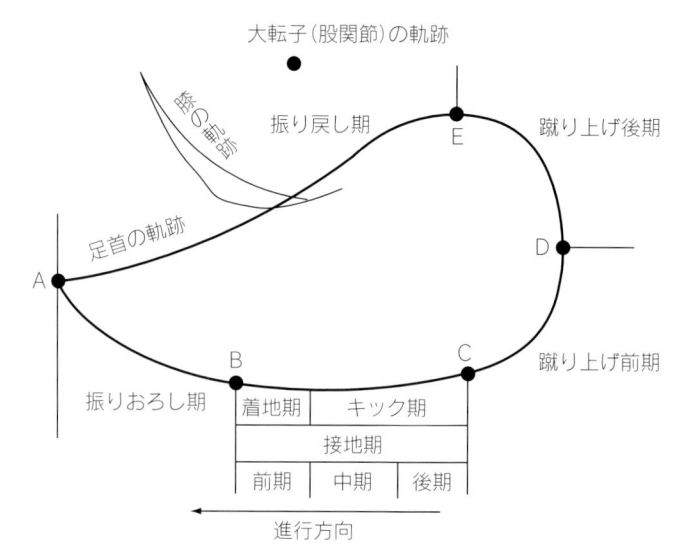

図 4-4　走運動（スプリント走）における一流選手の膝・足首（くるぶし）の運動軌跡（大転子を固定した点として表現してある）

中・後期はキック動作が行なわれる．このスプリント・トレーニングマシンは，振り下ろし期，接地期，蹴り上げ前期にわたって抵抗負荷をかけ，蹴り上げ後期と振り戻し期には負荷をかけないという考え方から成り立っている．通常の自転車エルゴメータのペダリングでは，走動作における振り下ろし期および着地期に相当する運動範囲で主たるペダル駆動力を発揮することができる．今，仮に片脚についてのみ自転車エルゴメータでの運動を考えたとき，ペダルが前方から踏み込まれて最も低い位置にきたとする．このとき，アームの回転中心軸を後方に水平移動させれば，ペダルを持続的に身体の後方で押すことができる．すなわち，走動作におけるキック期に相当する筋力発揮を行なうことができる．さらに，足部がペダルに固定されている場合には，後方位置で走動作の蹴り上げ前期に相当する後方でのペダルの巻き上げ動作による筋力発揮を行なうことができる．走動作の蹴り上げ後期および振り戻し期に相当する部分では，アームの回転中心軸を前方に水平移動させる．このときペダル回転への抵抗負荷はかからない．

　スプリント・トレーニングマシンを用いた実際の動作における足部の運動軌跡は，回転の中心軸が前後に水平移動する円運動（車軸移動型ペダリング）の回転円周上をたどるものとなる．この場合，一見すると実際の走動作の軌跡と比較して振り戻し期のくるぶしの運動軌跡がやや異なるようにみえる．このモデルでは，股関節の位置が動かないと仮定した時の走動作時の足の軌跡との比較が描いてあるが，スプリント・トレーニングマシンを用いた実際の運動では，足部の運動に合わせて，振り戻し期では股関節が斜め前方にやや引き上げられ，股関節が高く引き上げ

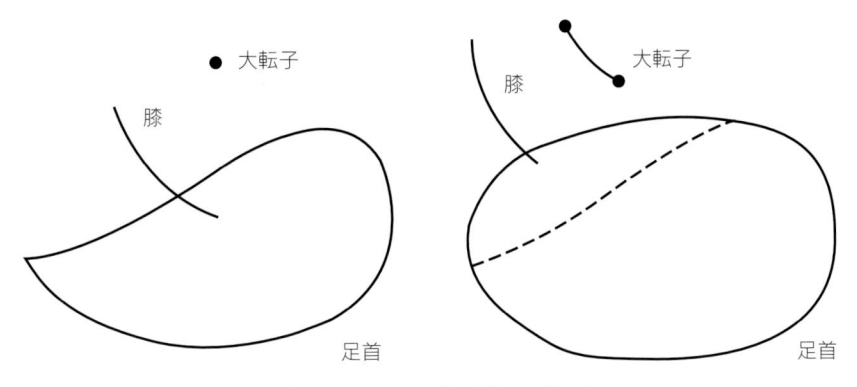

図4-5 大転子固定型の軌跡（左）と大転子移動型の軌跡（右）

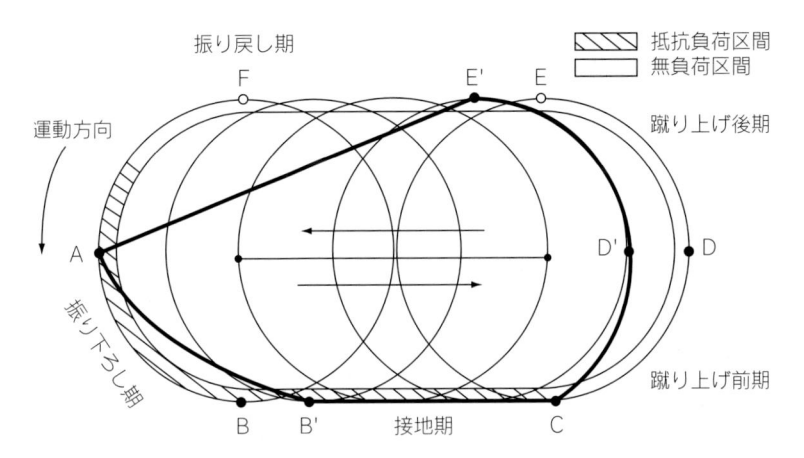

図4-6 ペダルアームの回転と回転軸の移動との組み合せによってシミュレートされる足部の運動軌跡

られた姿勢がとられることによって，相対的には実際の走動作における運動軌跡に近いものに修正される（**図4-5，6**）．

(3) スプリント・トレーニングマシンの利用法
スプリント・トレーニングマシンを用いたトレーニングは，次のようなトレーニング段階ですすめる（**写真4-1**）．

a．第1段階　立位の脚（膝）・腰同側型動作バランスのトレーニング
①両足をペダルにバンドで固定し，両手で手すりをつかみ直立位を保つ．
②左右交互のタイミングで前後水平方向に往復運動するペダル上で，右足が前方に行った時，右腰も前方へ移動させて，腰と脚が同側型動作を行なうようにする．左足が前方に行った時は，左腰も前方に出す．
③右足が前方から後方へ移動する時，腰も一緒に移動させ，右足が最も後方へ移動した時に，右腰も十分後方へ移動し，しっかりと後ペ

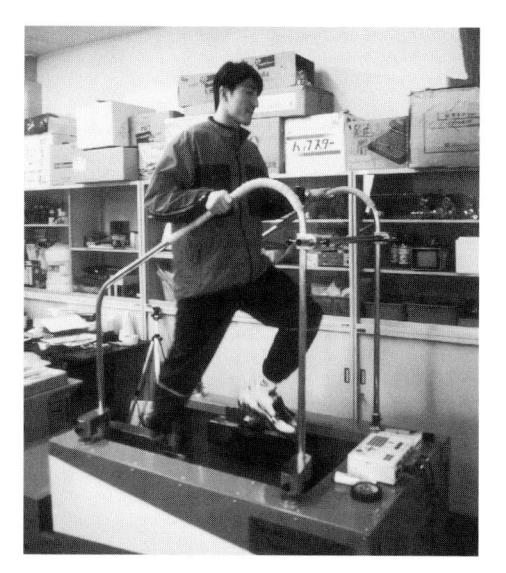

写真4-1 スプリント・トレーニングマシンの利用法（朝原宣治選手の荷重フォーム）

ダルに体重が乗るように体重配分する．左足と左腰の移動の場合も同様である．
　b．第2段階　片足荷重バランスのトレーニング
　　①膝・腰の同側型動作バランスがとれるようになったら，右脚が前方から後方へ移動する時に体重を十分に配分し，左脚には体重をかけない．左脚が前方から後方に移動する場合は左脚に体重をかける．
　　②片足荷重バランスができるようになったら，両手の手すりに力を入れて，右脚が後方へ移動したら，右腰をしっかり押し出すようにして，ペダルへの荷重を増加させる．この動作によって，骨盤の動きの柔軟性を養うとともに，キック動作時に働く筋に対する筋感覚や姿勢バランス感覚を高めるようにする．
　c．第3段階　ペダル回転のトレーニング
　　①片足荷重バランスがとれるようになったら，荷重されていない側の脚をペダルアームの回転軌道にそって移動させる．この時，体重支持脚へ完全に体重が乗っていることが大切である．
　　（ランニングの基本事項1：接地脚（キック脚）への完全な片足荷

重バランスがとれることによって走記録の向上がはかられる.)
② 後方から円の軌道を描いて前方へ運ばれた脚は,前方から踏み込み動作に入るが,踏み込みはゆっくりと行ない,踏み込み脚に同側の腰を乗せるようにして,体重を移動させる.
③ 腰をのせた着地が成功すれば,体重を完全に支持脚に乗せ,反対足を素早く前方へ円の軌跡で後方から前方へ移動させる.
④ 後方から前方への脚を移動させる時,ペダルがひっかかって前方に移動できない場合が生じる.これは,円の軌跡が描けないためで,脚のもち上げ方が不足することによる.この場合,振り上げ脚の腰を斜め上方に引き上げるようにして,腰高の姿勢をとり,ペダルが身体の真下を通過できるようにする.骨盤の引き上げ動作は,体深筋の働きを利用して行なう.
(**ランニングの基本事項2**:腰高のランニング姿勢は,支持脚の片足荷重バランスに基づく骨盤の引き上げ動作によって生まれる.)

d. 第4段階　体重加重による筋力発揮と筋リラクセーションの
　　　　　　　トレーニング

① ペダルへの荷重とキック力の発揮は,基本的に体重を加重させるという感覚で行なう.実際のランニングでは,着地とキックはほとんど同時に近いタイミングで行なうことが理想であり,このためには,着地時にしっかりと体重が着地脚(キック脚)に乗せられていなければならない.このことは,着地時に同側の腰が連動していることによって可能となり,その他の筋群はリラックスしていることが効率的である.
② 着地からキックへの瞬間的な移行は,自然な腰の前方から後方への移動によって体重をそのままキック力に生かす感覚で行なう.
スプリント・トレーニングマシンのゆっくりとした動作でしっかりとバランス感覚を磨き,リラックスできる身体部分の力はできるだけ抜くようにする.
バランス感覚が高まれば,力を入れるべきところと,抜いても良いところが体感されてくる.リラックスして走るということは,無駄なところに力を入れないことである.
(**ランニングの基本事項3**:着地とキック動作に体重をバランス良く生かすことによって,無駄な筋力発揮をせず,リラックスされた走りが可能になる.)

e. 第5段階　緩急の動作切り換えトレーニング

① スムーズなペダル回転動作ができるようになったら,動きの素早さや力の配分など,緩急のあるペダル回転動作をトレーニングする.踏み込みの素早さや,脚の返しの素早さなど動きのポイントを強調したトレーニングをする.
② 力の発揮は,脚パワーよりも股関節および体幹パワーを発揮したも

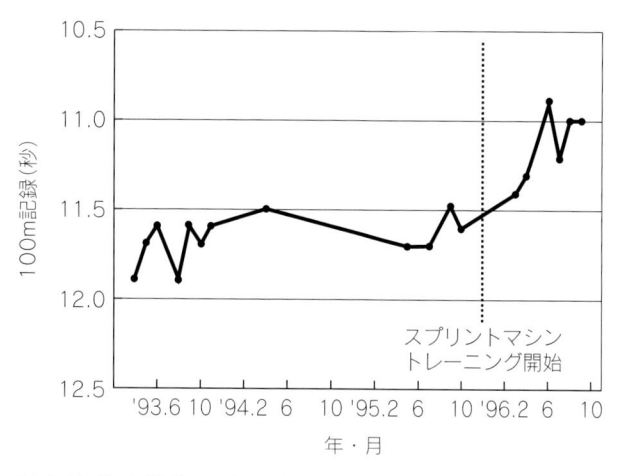

図4-7　T. I. 選手の100m走記録の推移

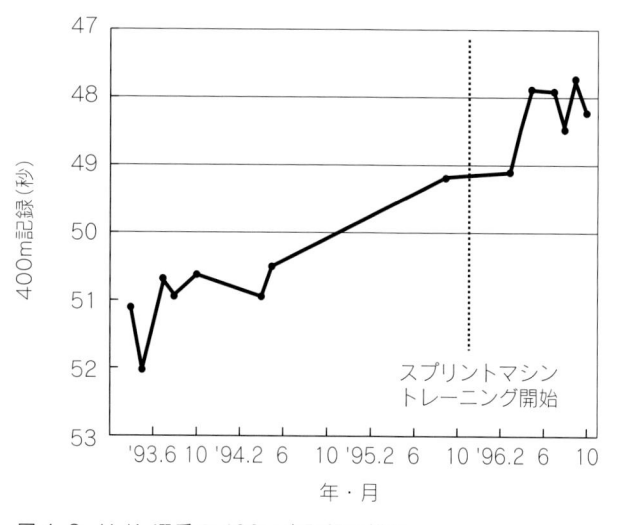

図4-8　Y. K. 選手の400m走記録の推移

のへと変質させていくようにする．身体の動きのバランスが高まってくると，いかに体深筋の働きが大切であるかが体感されてくる．体深筋を上手に使う感覚を高めていく．
(**ランニングの基本事項4**：脚のパワーで走るより，バランスに基づいた全身的パワーを発揮した走りの方が楽で，しかも高速度が生み出される．)

(4) スプリント・トレーニングマシンの実施効果

　スプリント・トレーニングマシンは，短期間あるいは1時間程度のトレーニングによっても走動作の改善がみられる場合が多い．スプリント・トレーニングマシンを用いてトレーニングした実例について紹介してみたい．

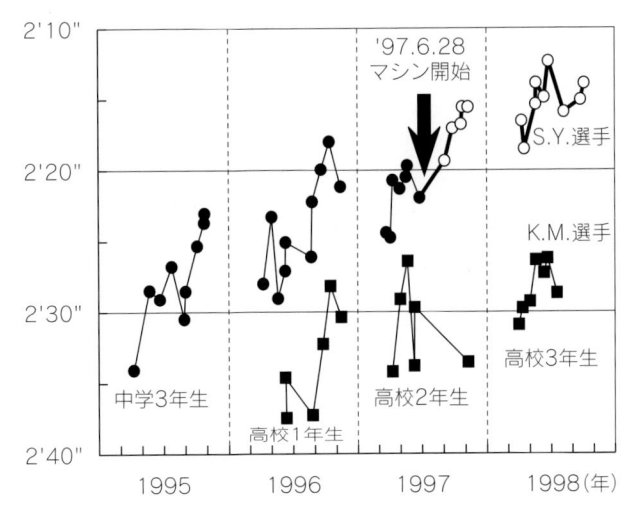

図4-9 S.Y.選手（スプリントマシン利用）および同僚のK.M.選手（スプリントマシン利用なし）の女子800m走記録の推移

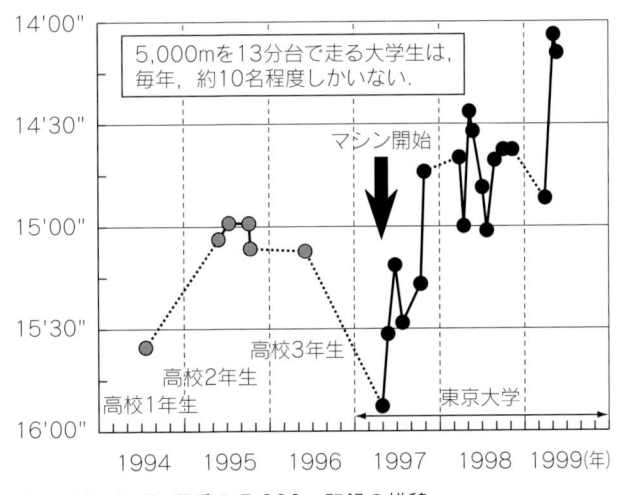

図4-10 N.T.選手の5,000m記録の推移

a．100m走の場合

東大陸上部のT.I.選手は100m11秒5以下の記録に終始していたが，スプリント・トレーニングマシンの使用を加えた6カ月後のトレーニングによって，10秒9に自己記録を向上させた（**図4-7**）．

b．400m走の場合

東大陸上部のY.K.選手は大学入学時400m49秒台であったが，スプリント・トレーニングマシンを導入することによって，約6カ月後に47秒74と自己ベスト記録が改善した（**図4-8**）．

c．女子800m走の場合

女子800mのS.Y.選手は，高校2年生からスプリント・トレーニン

グマシンを導入し，1年間で自己記録が2分22秒から2分12秒へと短縮した（図 4-9）．

d．男子 5,000m 走の場合

東大陸上部の N.T. 選手は高校時代 5,000m15 分 00 秒であったが，入学直後からスプリント・トレーニングマシンを導入し，3 年生春には 14 分 03 秒にまで自己記録を向上させた（図 4-10）．

e．マスターズ陸上短距離走の場合

66 歳からスプリント・トレーニングマシンを開始した S.T. 氏は，67 歳で出場した第 13 回マスターズ陸上世界大会で，100m8 位，200m3 位，400m3 位，に入賞し，1999 年度世界ランキングで，400m5 位，200m8 位，となった．1999 年度全日本大会では，100m6 位，200m・400m に優勝した（65～69 歳クラス）．年齢別記録評価表（World Association of Veteran Athletes 承認）によれば，200m および 400m での相対値がスプリントトレーニングマシン開始後，急速に上昇した．66 歳から 67 歳にかけて，200m は 27 秒 60 から 27 秒 23 に上昇し，年齢別相対記録評価は 91.3%から 93.5%と向上した（100%は世界記録水準）．400m は 62 秒 70 から 61 秒 80 に上昇し，相対記録評価は 90.6%から 92.8%へ向上した．なお，100m 記録は，13 秒 40 から 13 秒 49 であり，相対記録評価は 92.3%から 92.5%とわずかに向上した．

これらは，スプリント・トレーニングマシンをトレーニングの中に導入した場合の例示であるが，多くの実施者について自己記録の向上がみられている．

3．スプリント・トレーニングマシンⅡ（走幅跳・跳躍用）

スプリント・トレーニングマシンⅡは，走幅跳の踏切動作のためのトレーニングマシンである．しかし，その応用範囲は走幅跳に限らず，いろいろな運動に関連している．

走幅跳はファウルが多く，1 回 1 回の跳躍動作が安定しにくいという特徴が目に付く．これは，スピードのある動作の中で，瞬間的に体重（身体重心）の移動方向を斜め前方へ変化させるという動作の難しさに原因があると考えられる．この踏切動作を理想的なかたちで安定的に行なうことができれば，走幅跳の記録も高い水準を発揮できるはずである．

そこで，走幅跳踏切動作トレーニングマシンが開発された．このトレーニングマシンの原理は，スプリント・トレーニングマシンと同様であるが，相違点はペダルアームが長いこと，ストライド長が広いことおよびペダルへの抵抗負荷のかかるペダル位置が垂直位から前方半分の範囲となっている点である．このことから，ランニング動作よりもさらに膝高の姿勢から負荷のかかったペダルに乗り込んでいくという動作を右足左

第4章 認知動作型トレーニングマシン 85

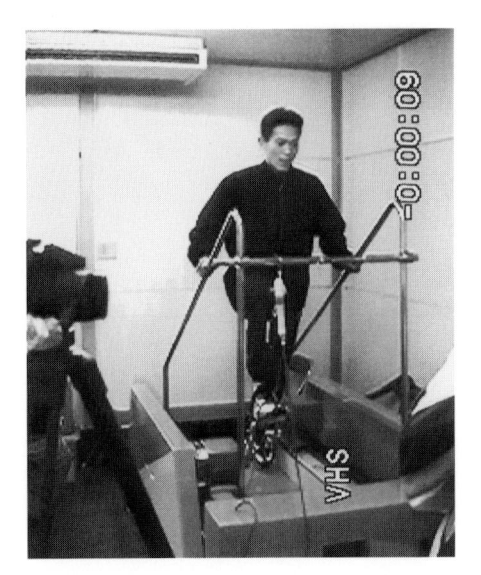

写真 4-2 森長正樹選手の踏み込み姿勢

足交互に連続して行なうことになる．ペダルアームが垂直位になったら，膝高の姿勢から踏切動作に入るが，腰が乗り遅れないように，ペダルに乗り込む要領で腰をペダルの上に乗せていく．腰が乗り遅れないようにすることが動作のポイントで，片足（踏切足）に完全に体重を乗せきって踏切動作を行なうことが大切である．また，腰を乗せる感じを何回でも繰り返し練習することが可能である．

走幅跳に 8m25 の日本記録をもつ森長正樹選手にこのマシンを用いてトレーニングをしてもらったところ，トレーニング後の森長選手のコメントは，「これまで何千回と踏切を行なってきたが，自分で会心の踏切動作ができたというのは数回程度といって良い．このマシンでトレーニングすると会心の踏切動作に近い感覚を何回も繰り返して味わうことができる」ということであった（**写真 4-2**）．

踏切の瞬間に腰が後方に残った乗り遅れの状態が生じやすいが，会心の踏切動作では，踏切動作時に腰がしっかりと踏切足に乗せられ，次の瞬間，腰がふわっと空中に浮かび上がる感じとなる．こうした踏切動作を実際の走幅跳動作で練習しても動作速度が大きいので，なかなかその感覚を体得することが難しい．踏切動作トレーニングマシンは，そうした瞬間的に過ぎてしまう動作を，ゆっくりと時間をかけた状態で行なうことが可能なので，微妙な身体バランスや腰の位置と踏切足にかかる力や体重の配分について繰り返し考えながらトレーニングすることができる．

4．車軸移動式自転車型スプリントパワートレーニングマシン

通常，固定式自転車エルゴメータは，一般的な健康増進を目的としたトレーニング機器として，スポーツジム等で広く利用されている．しかし，従来の固定式自転車エルゴメータのペダリングでは，走や歩行に用いられる筋の働き方と異なる点が多く，自転車ペダリング運動が走や歩行能力の改善には必ずしも結びついていない．自転車ペダリングは有酸素運動として持久力改善が主目的とされる運動に位置づけられているが，自転車型運動によって，走および歩行運動能力改善に必要な筋力強化（筋パワーアップ）を図ることができれば，多くのスポーツ選手および一般人にとって極めて有効なトレーニング機器となる．ペダルアームの回転軸が左右交互に水平往復運動するかたちのペダリング動作を基本に作られているスプリント・トレーニングマシンの利点を生かしたかた

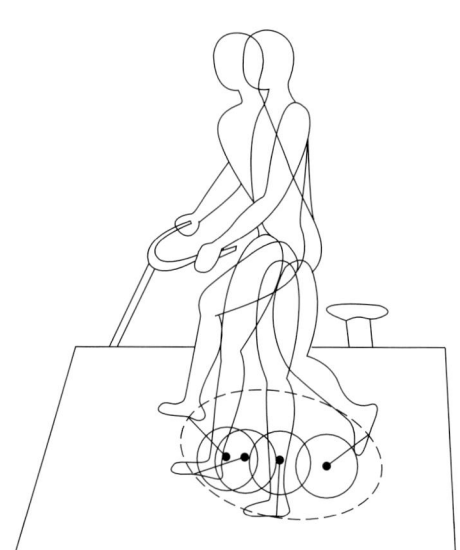

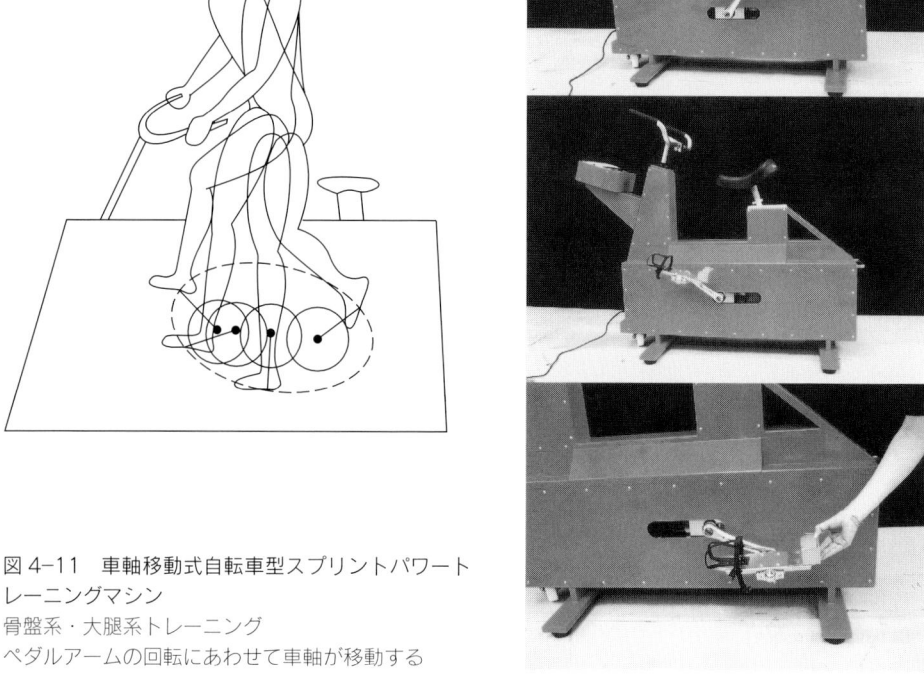

図 4-11 車軸移動式自転車型スプリントパワートレーニングマシン
骨盤系・大腿系トレーニング
ペダルアームの回転にあわせて車軸が移動する

ちで，自転車型の筋力・筋パワートレーニングマシンの開発を意図した．

開発された自転車型スプリントパワートレーニングマシン（車軸移動式自転車エルゴメータ）は，ペダルアームが 1 回転するごとにペダルアームの回転軸（車軸）が水平方向に一定距離を前後に 1 往復移動するかたちの固定式自転車で，ペダルアームの特定回転範囲にのみ抵抗負荷がかかる構造をもっている．トレーニングする人はハンドルにつかまった立位で，ペダルの運動軌跡に従った踏み込みを強調したペダリング動作を行なうことにより，走動作をシミュレートしたかたちで，走や歩行能力の改善に有効な脚筋や骨盤および股関節の動きに関与する筋群の強化を図ることができる（**図 4-11**）．

ペダリング動作では，一方のペダルを前方斜め 45 度の位置から，ほぼ真下にあたる位置まで体重を乗せて，力強く踏み込み，ペダルが真下になって体重を支えるかたちになったとき，他方の足のペダルを前方に運び，踏み込み動作に移行する．脚を後方から前方へ運ぶ時は，ペダルの抵抗負荷がゼロとなっているので，走動作でキック後に足を後方に蹴り上げて尻の下で円形を描きながら前方へ移動させる場合と同様な要領

で膝を高く保つようにして，足を前方へ運び次の踏み込み動作につなげる．踏み込み動作では，ペダルに抵抗負荷がかかっていることから，腰を膝の上に乗せる要領で全体重をかけてペダルに乗り込み，同時に強い筋力発揮を行なう．

理想的な走動作では，着地は身体重心の真下に行ない，キックは地面をプッシュするようにするのが良いとされているが，この装置を用いると，腰を踏み込み足の膝の上に乗せる姿勢で強い踏み込み動作を行なうことから，理想的な円運動軌跡をたどるかたちで脚を運びながら，身体重心の真下に着地して筋力発揮を行なう感覚とともに，強いペダリング動作が地面を強くプッシュする動きと極めて類似したものとなる．

これらの動作によって，膝関節伸展筋である大腿四頭筋はもとより，股関節の伸展筋であるハムストリングスや大殿筋，さらに脚や骨盤のひねりをともなった動作に関与する内転筋や大腰筋，腸骨筋などの体深筋を有効にトレーニングすることができる．

スプリント・トレーニングマシンのトレーニング効果は，走動作改善効果が顕著であるが，自転車型スプリントパワートレーニングマシンは，改善された走動作に対して有効な筋パワーを増大させるもので，スプリント・トレーニングマシンと併用して利用することによって，パフォーマンス向上の効果が相乗的に増大する．

スポーツ選手では，走行や歩行に直結する筋群のトレーニングになるため，リハビリテーション用としても利用できる．スポーツ選手では，傷害のため走運動ができないときは，自転車運動によって体力維持を図ることが良く行なわれている．しかし，従来の固定式自転車でのペダリングは，腰部を安定させたかたちでの運動形態であるため，大腿四頭筋が主働筋であり，ハムストリングスや内転筋，大腰筋，腸骨筋などへの関与は小さかった．自転車運動は着地ショックがかからないため，リハビリ用として有効であるが，自転車型スプリントパワートレーニングマシンは，走運動型自転車運動トレーニングマシンとしての利用価値も大きい．

5．舟漕ぎ動作型体幹筋力トレーニングマシン

体幹筋力トレーニングマシンの舟漕ぎ型は，立位姿勢でレバーアームを前後交互に連続して「押す」，「引く」の動作を繰り返すものである．力は腕によって発揮されるようにみえるが，実は肩・背・腰の筋が広く関与しており，その力の源は足からきていることが実際にこの運動を行なってみると実感できる．

和船漕ぎ運動は，昔から武術鍛錬の手段として用いられてきており，稲尾投手や双葉山関にも例がひかれるように，和船を漕ぐことは，総合

図4-12 体幹トレーニングマシン（舟漕ぎ型）
長軸体幹系・肩関節系トレーニング

的基礎体力を培うことに有効であるとされている．
　この舟漕ぎマシンは，レバーアームに力を加えて前後に動かすことによって，「身体の前後方向への揺れ動作」を実現し，身体を前後に揺り動かすことに働く筋肉を総合的に鍛えていく効果をもつ．昔の人が和船漕ぎで筋力と立位バランスを鍛えた原理を，体幹筋力トレーニングマシンシステムの中に取り入れたものが，「舟漕ぎマシン」である（図4-12）．
　スプリンターに必要な前後方向の揺れ動作に必要な姿勢保持能力が極めて高い水準で培われるマシンである．
　負荷には，電磁式ブレーキを用いていることから，設定負荷を自由に調節でき，「押し」と「引き」動作での抵抗負荷をそれぞれ変化させることが可能である．また，「押し」，「引き」の動作の切り換え時に「遊び」がなく，このことが「伸長・短縮性筋収縮」による筋力発揮を可能にしている．また，「等粘性負荷抵抗」によって，途中からの動作速度変化に対して，敏感に抵抗負荷を増加させて反応する．このことから，筋力発揮をする人にとって，相手が剛体ではなく，柔軟性をもった生き物を相手にしているような感覚を味わうことができる．

6．ストラッグル動作型体幹筋力トレーニングマシン

　体幹筋力トレーニングマシンのストラッグル・格技型マシンは，体幹のひねり動作要素を鍛えるためのマシンである．こうしたマシンは，柔道，レスリングなど格技系のスポーツに適したものであると考えられる

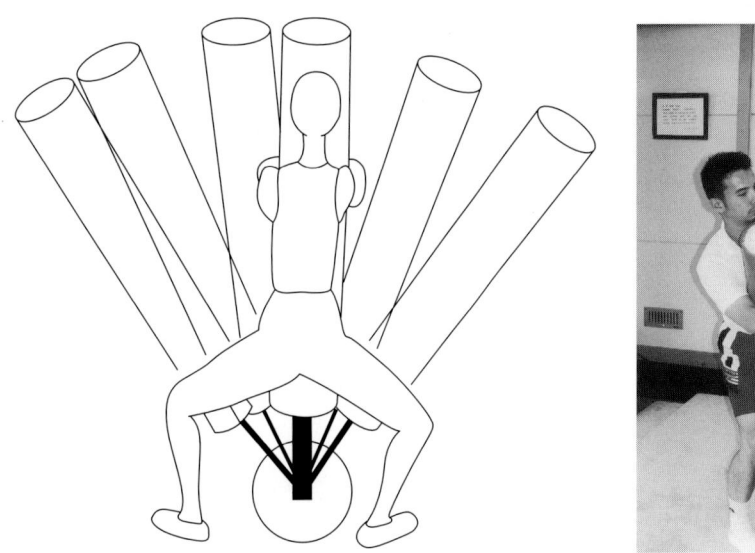

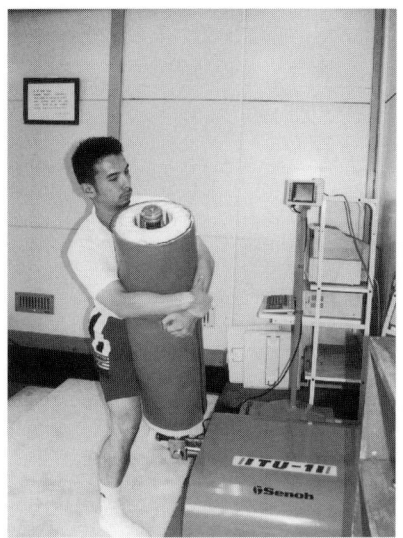

図 4-13　前後左右に自由度を持ち，左右に負荷のかかる格技型体幹パワートレーニングマシン（ストラッグルマシン）斜軸体幹系・骨盤系トレーニング

が，実はスプリントにも，こうした体幹のひねりパワーを養成することがぜひ必要である．日本人選手は，こうしたひねり動作が不得意である．体幹のひねりパワーの重要性に気付くと，このようなストラッグル・格技型の動きがスプリントでもいかに大切かが理解されてくる．

　ひねり動作の筋力トレーニングは，現在の陸上界では極端に不足している．速く走るためには，体幹のひねり動作が大切であり，そのひねりから有効なパワーを生み出すためにも，ひねり動作の筋力トレーニングが必要である．

　ストラッグル・格技型マシンでは，トレーニングする人は，ボクシングのサンドバッグ形状の本体ダミーに対して向き合うかたちで立ち，四股をふむ準備姿勢のように両脚を開き，中腰姿勢で本体ダミーに抱きつき，抵抗負荷に抗しながら，本体ダミーを左右に倒したり，起こしたりする動作を繰り返す．本体ダミーは，前後方向にもある程度，動きの自由度があり，本体ダミー自体が中心軸に対して，回転する自由度を有していることから，格技における「取っ組み合い」の力の発揮に類似のかたちで，筋力トレーニングが可能である．格技・ストラッグル動作型マシンのトレーニングでは，骨盤まわりの筋群や体幹のひねり方向への筋力および肩関節まわりの筋群の発達や筋力発揮能力を高めることができる（図 4-13）．

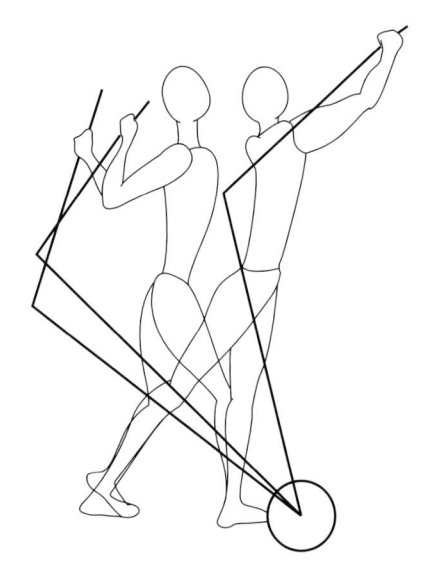

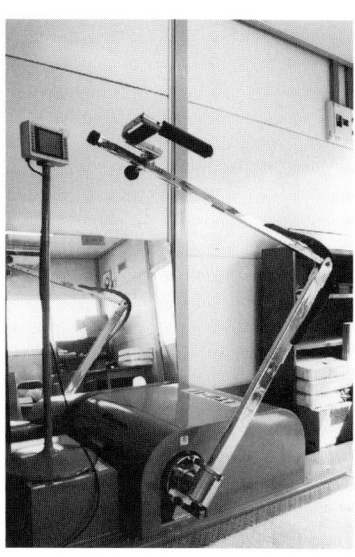

図 4-14 肩関節パワートレーニングマシン（投球・投擲型）
斜軸体幹系・肩関節系トレーニング

7．投球・投擲動作型肩関節パワートレーニングマシン

　黒人スプリンターでは，肩関節まわりの筋が非常に発達している．肩関節まわりの筋力トレーニングは，股関節まわりの筋肉を鍛えると同様に重要な意味をもっている．肩関節まわりの筋力トレーニングは，肩甲骨の大きな動きを伴うもので，その基本は投球動作にある．スプリントの腕振り動作も，突き詰めていくと投球動作による肩関節の動きに共通してくる．そこで，最も自由なかたちで肩関節での筋力発揮ができるようにレバーアームの形を工夫し，「投球・投擲動作型マシン」を作成した（図 4-14）．
　この体幹筋力トレーニングマシンを用いることによって，脚部や背部の動きが，いかに肩関節での動きと連関しているかを知ることができる．背中の筋の動きを良く感じることによって，スプリントでの背中や肩関節の働きを高めることができるようになる．野球の投球動作をはじめ，砲丸投げや，やり投げ動作に対応するアタッチメントを用いることによって，肩関節パワーを増強するための筋群を総合的にトレーニングすることができる．トレーニングする人は，アームに対して横向きになり，両脚を前後に開き，片手で取っ手を握って肩関節と体幹の大きな動きをともなった投球動作を行なう．2本のアームの連結部分を介して取り付けられた鋼板が，適度な弾力性と抵抗性を有することから，ボールの位置に相当する握り部分の高さを，動作中にスムーズに変化させるこ

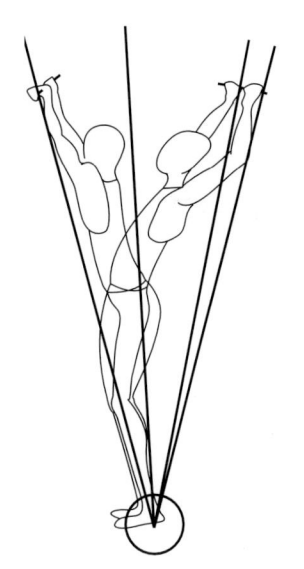

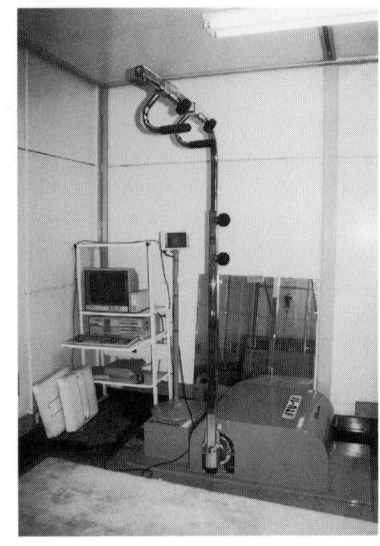

図 4-15 体幹トレーニングマシン（スローイン型）
長軸体幹系・肩関節系トレーニング

とができるとともに，抵抗負荷は，下部アームの移動が回転軸の回転を生じさせるかたちで得られる．砲丸投げや，やり投げ動作においても，特に前腕の回内動作からの「突き出し」パワーのトレーニングとして効果がある．

8．スローイン動作型体幹パワートレーニングマシン

　スローインはサッカーで用いられる動作であるが，投擲種目では欠くことのできないトレーニング内容である．
　しかし，スプリンターにとってもスローイン動作によるトレーニングは極めて重要である．腹筋，背筋を鍛えるだけでなく，最も重要な効果は「身体重心を高める」ということにある．背筋が伸びて，しかも上体を後方から前方へ，さらに前方から後方に力を発揮させながら移動させることによって，普段のトレーニングでは刺激されにくい体幹深部が鍛えられる．ゆっくりと前方，後方に全身で力を加えることによって，ストレッチ効果が得られ，肩関節ばかりでなく，全身レベルでの柔軟な動きと筋力発揮能力とが養われる．
　スローイン動作型マシンでは，トレーニングする人は支柱アームに対して横向きになり，頭上にある横アームに取り付けられた左右の取っ手をつかみ，体幹の動きをともなったスローイン動作を行なう．取っ手の高さは，支柱アームの高さを調節することによって可能であるため，目的とする動作に適度な高さを選択することができる（図 4-15）．

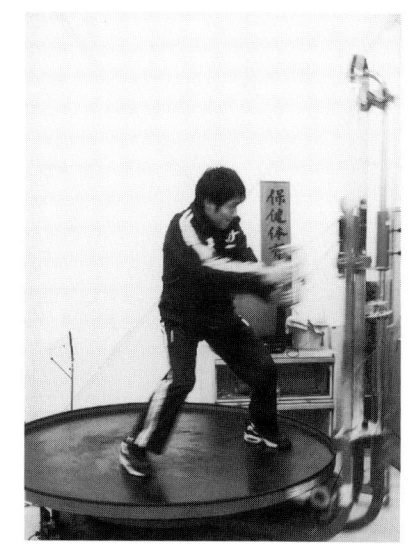

図 4-16 相互に逆方向の回転が同期する体幹のひねり動作によるスウィングパワートレーニングマシン
斜軸体幹系・肩関節系トレーニング

9．投擲用スウィングパワートレーニングマシン

　投擲競技では，体幹をひねる動作をスムーズに行なうことによって，斜軸体幹系パワーを有効に発揮することができる．そのためには，身体構造上の回転軸に基づいて分類した3つの回転系を有効に操作しなければならない．

　それらは，体幹上部の＜肩甲骨・胸椎回転系＞，上腹部の＜胸椎・腰椎回転系＞，下腹部の＜骨盤・腰椎回転系＞である．これらの回転系を円滑に操作するためには，＜股関節回転系＞や＜頚椎回転系＞の協調が必要である．

　投擲競技では，上記3つの体幹の回転系を意識してバランスよくひねり動作を行なうことが意外に難しく，力の入れ方，抜き方などのタイミングが技術上の重要なポイントになっているにもかかわらず，それらの技術を学習することが体感的に困難であることが多い．そこで，ひねり動作と体幹パワーの発揮，身体バランスおよび脱力の技術を習得するための有効な方法として，「投擲用トレーニングマシン」の開発が意図された（図 4-16）．

　まず，体幹のひねりは，肩と腰が互いに逆方向へ移動し，体幹が雑巾を絞るようにひねられる姿勢となることが必要である．そして，ある限界までひねられたかたちの姿勢になったら，今度は逆方向に向かって，まず正面の姿勢に戻り，次に反対方向へ限界までひねられていく，といっ

た体幹ひねりの姿勢を，スムーズにしかもバランス良く左右繰り返して行なえることが理想的である．

　この体幹ひねり姿勢を生み出す方法として，回転可能なサークル台とサークル台の外まわりを回転する支柱を作成し，支柱にワイヤーで取っ手を取り付けた装置を作成した．トレーニングする人は，回転サークル台の上に立ち，支柱に取り付けられた取っ手を両手（または片手）でつかみ，ハンマーをスウィングする要領で支柱を回転サークル台のまわりで回転させるように力を加える．回転サークル台の回転と支柱の回転は，互いに逆方向に向かうように歯車装置で調整してある．トレーニングする人が支柱を時計回りに動かせば，それに同期して回転サークル台が反時計回りに回転移動する．サークル台に乗って，支柱を90度の角度だけ移動させれば，回転サークル台は反対方向に90度の角度だけ回転する．両足の位置を動かさずに，この動作を行なえば，体幹は180度ひねられたことになる．このように，支柱の移動角度の2倍の速さで身体をひねる作用が生み出されるように，回転サークル台方式が工夫されている．回転サークル台を回転させるにあたっては，無負荷から数段階のブレーキ負荷が加わるように調整することが可能で，あらかじめ適切なブレーキ負荷強度を選択しておく．また，支柱からワイヤーを介して取っ手が取り付けられているが，このワイヤーには遠心力に相当する引っ張り抵抗負荷（牽引抵抗負荷）が加えられている．牽引抵抗負荷よりも強い力で取っ手を引っ張ればワイヤーは伸び，牽引抵抗負荷に敗ければ，取っ手を引っ張ることができないし，ひきずられてしまう．

　したがって，回転サークル台のブレーキ負荷と取っ手のワイヤーにかかる牽引抵抗負荷を上手に組み合わせて，スウィングパワートレーニングを行なうことになる．この時，大切になるのは，適度な回転運動への慣性を利用することである．すなわち，回転サークル台と同期するかたちでの支柱の逆方向回転を勢い良く行なうと，最終段階で体幹は，腕，肩，体側が引っ張られたかたちでひねられる．

　このトレーニングのポイントは，できるだけ脱力して，回転慣性によって体幹がひねられる姿勢に耐えることにある．ある程度限界まで引っ張られたら，次に力を加えて支柱を逆方向へ移動させるように取っ手を操作する．すると，体幹は正面姿勢に戻り，さらに逆方向へひねられるように移動する．正面姿勢になったら脱力し，回転慣性によって体幹のひねりを味わうようにする．こうしたひねり姿勢での脱力と，ひねりの最終局面で腕，肩，体側がストレッチされた状態からのパワー発揮を行なうことの組み合わせによって，バランスのとれた有効な体幹パワー発揮能力が養われる．左右交互にスウィング動作を繰り返すことによって，体幹のひねりに対する柔軟性が増加するとともに，投擲に必要な体幹のひねりから生じるパワーを有効に使うことができるようになる．このマシンをハンマー投げモードにすると，回転サークル台が自動的に3回転

し，回転サークル台の外側を支柱が逆方向に3回転する．このことによって，サークル台に乗って，取っ手を握った人は，ハンマー投げの回転のように足の運びによって体の入れ換え動作を行なう．

　体幹のひねりをゆっくりとトレーニングするマシンや，筋の感覚を動きの中で確かめ，基本的な動作を学習するというトレーニング法がこれからもっと多く開発されていくことが大切であろう．実際にハンマーを投げなくても，それに類似する動きで，技術水準にあわせて筋群をトレーニングすることは安全性の上からも必要であろう．

注：ゴルフスウィング動作型体幹筋力トレーニングマシン［略称：ゴルフマシン］とベッド移動式プル動作型体幹筋力トレーニングマシン［略称：ベッド移動式プル動作型マシン］については，本書のテーマと直接的関連が薄いので省略する．

第5章

馬の走法の改善

JRA（日本中央競馬会）からわれわれスポーツ科学者に声がかかるようになったのは，日本人スポーツ選手のオリンピックなどでの活躍が，スポーツ科学の応用と深い関係をもっているということがマスコミの話題にも取り上げられるようになったことによる．

もともと遺伝的に外国人選手と比較して日本人選手では不利であると考えられるような陸上競技100m走の場合でも，伊藤浩司選手や朝原宣治選手のように9秒台を狙う可能性をもった選手が出現したり，スケート，スキーなどのスピード種目でも長野オリンピックで日本人選手が大活躍をした．

ところで，競走馬の世界は遺伝的要素が90％以上を占めると考えられてきた．すなわち，競走馬の成績は血統が決定的にものをいう世界であるという．ところが，実際には血統による要素ばかりでなく，養成方法もかなりの部分，競走馬の能力に影響をもつと考えられるようになってきた．

JRAでは，バブル経済の頃，世界一流といわれる種馬を数頭高額で買い取って日本に輸入した．本来ならば，その超一流の種馬の子どもたちは，外国産馬を上回るレベルで国際的なレースでも活躍できるはずであった．しかし，その後の成績をみてみると，血統は世界一流であるにもかかわらず，国際レースでは外国産馬に勝つことができないという現実に突き当たった．

なぜ，血統の世界であるはずなのに一流血統の競走馬が勝てないのであろうか．

こうした壁を破る1つの試みとして，人間のスポーツ科学を競走馬の世界にも応用することができないであろうか，という考えが生まれ，スポーツ科学との接点が生まれた．ここでは，著者が担当した領域のうちから，認知動作型トレーニングを馬に応用した例についてふれてみる．

1．馬体の特性

馬が速く走る方法を考えるとき，まず運動体としての馬の特徴をとらえる必要がある．馬体の特徴をとらえる方法として，写真による簡便な分析方法を用いてみよう．この分析がどれほどの精度をもっているかについては，問題となろうが，少なくとも「見た目」とか「印象」というだけではなく，数字上の特徴としてとらえられることに利点があろう．

まず，馬の写真上で「頭部」，「胸部」，「腰殿部」，の外縁が円の円周に接するように半径と中心を定めてコンパスで円を描く．すると興味深いことに，どの馬でも「頭部」，「胸部」，「腰殿部」の主要な部分がそれぞれ円によって囲まれたかたちとなる（**図5-1**）．そこで，「頭部」の円を「HD：Head」，「胸部」の円を「BT：Breast」，「腰殿部」の円を「HP：

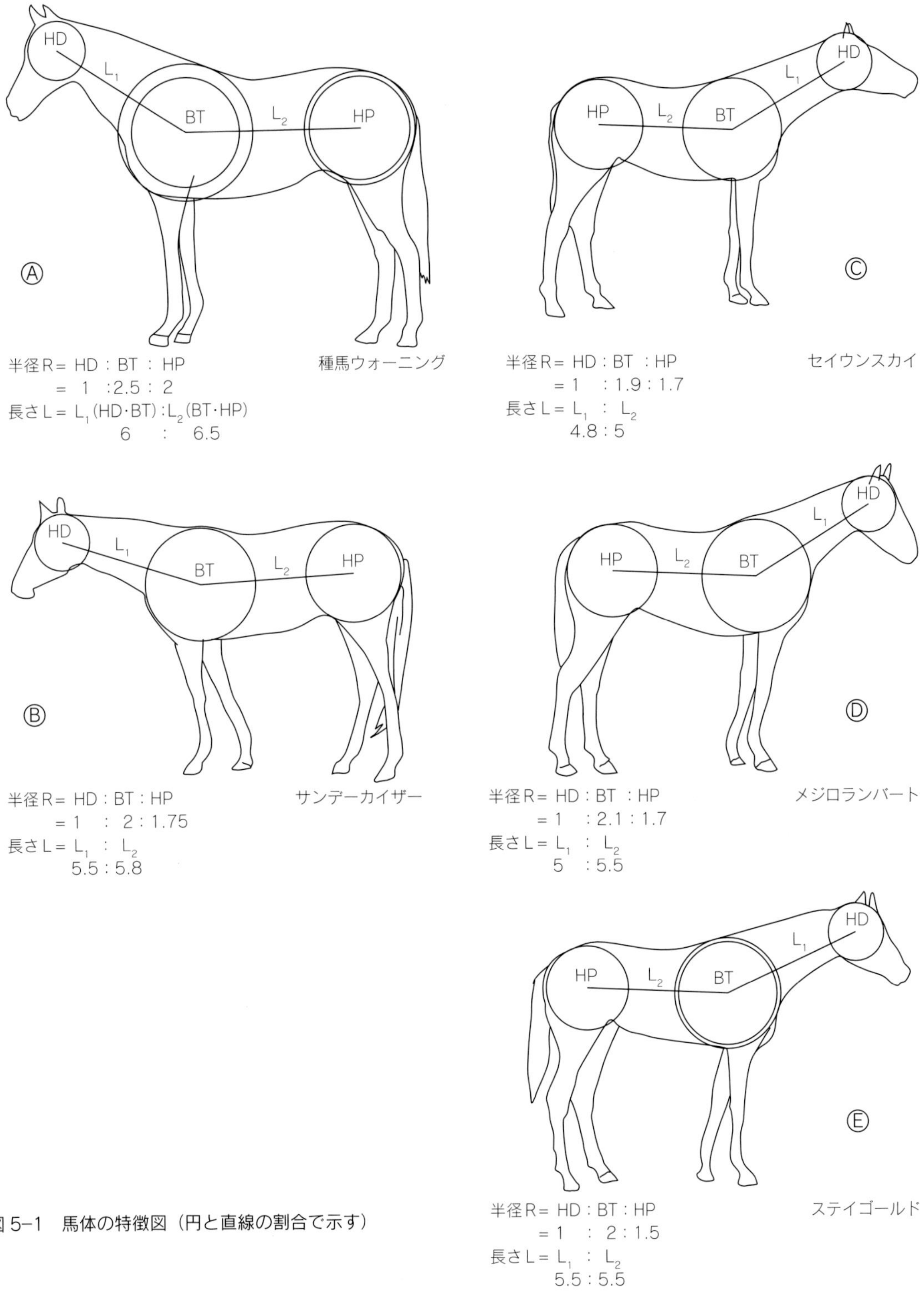

第 5 章　馬の走法の改善　97

Ⓐ
半径R= HD : BT : HP
　　 = 1 : 2.5 : 2
長さL= L₁(HD・BT) : L₂(BT・HP)
　　　　　6　：　6.5

種馬ウォーニング

Ⓒ
半径R= HD : BT : HP
　　 = 1 : 1.9 : 1.7
長さL= L₁ : L₂
　　　4.8 : 5

セイウンスカイ

Ⓑ
半径R= HD : BT : HP
　　 = 1 : 2 : 1.75
長さL= L₁ : L₂
　　　5.5 : 5.8

サンデーカイザー

Ⓓ
半径R= HD : BT : HP
　　 = 1 : 2.1 : 1.7
長さL= L₁ : L₂
　　　5 : 5.5

メジロランバート

Ⓔ
半径R= HD : BT : HP
　　 = 1 : 2 : 1.5
長さL= L₁ : L₂
　　　5.5 : 5.5

ステイゴールド

図 5-1　馬体の特徴図（円と直線の割合で示す）

Hip」として，それぞれの円の中心点を結んでみる．ここで，「HD」と「BT」の円の中心を結ぶ線の長さを「L_1」（首），「BT」と「HP」の円の中心を結ぶ線の長さを「L_2」（胴）とする．

このような作業の後，それぞれの円の半径Rと長さLを計測してみる．すると，次のことがわかる．

図5-1Aに示した馬（ウォーニング；種馬）では，HDとBTとHPの半径Rの割合は，HDを1としたときに，＜1：2.5：2＞の割合となっている．さらに線分の長さ，$L_1：L_2$は，＜6：6.5＞となっている．このことから，HDの半径Rを1としたときの相対的な馬体の特徴をつかむことができる．

このような方法で，数頭の馬の特徴をとらえると次のようになる．

サンデーカイザー（**図5-1B**）は，HD：BT：HPが＜1：2：1.75＞であり，$L_1：L_2$は，＜5.5：5.8＞となる．セイウンスカイ（**図5-1C**）は，HD：BT：HPが＜1：1.9：1.7＞，$L_1：L_2$は，＜4.8：5＞となる．メジロランバート（**図5-1D**）は，HD：BT：HPが＜1：2.1：1.7＞，$L_1：L_2$は，＜5：5.5＞，ステイゴールド（**図5-1E**）は，HD：BT：HPが＜1：2：1.5＞，$L_1：L_2$は，＜5.5：5.5＞となる．

このことから，メジロランバートは「胸部」が大きい割に「腰殿部」が小さく，「首」に比較して「胴」が長いという特徴があること，セイウンスカイは「胸部」が比較的小さく，「腰殿部」との大きさにあまり差がなく，首や胴が短いが，首と胴の長さの差はわずかである，などの特徴がみてとれる．

2．頭部，胸部，腰殿部の役割と脚の運動軌跡

馬体を「頭部」，「胸部」，「腰殿部」を示す3つの円で示したが，これは同時に「球」としても考えられる．馬は，これら3つの球体に，それぞれ顎部，前肢，後肢がとりついたかたちとしてとらえると，おおよその馬の姿ができあがる．

HDとBTの外縁を結ぶ部分が首であり，BTとHPの外縁を結ぶ部分が胴体である．

馬の運動は，通常脚の運びによって成り立つが，競走のような強い全身運動の場合には，脚の運びを生み出す「頭部」，「胸部」，「腰殿部」の働きが極めて重要である．

馬の動きの源となる球体部分を，それぞれHD球，BT球，HP球と表現すると，それらの球体の動きの方向や，動きのタイミングが重要な意味をもつことになる．

図5-2に示したように，HDでは，下向きに回転すれば首が縮み，上向きに回転すれば首が伸びる．BTの場合上向き（時計回り）に球体が

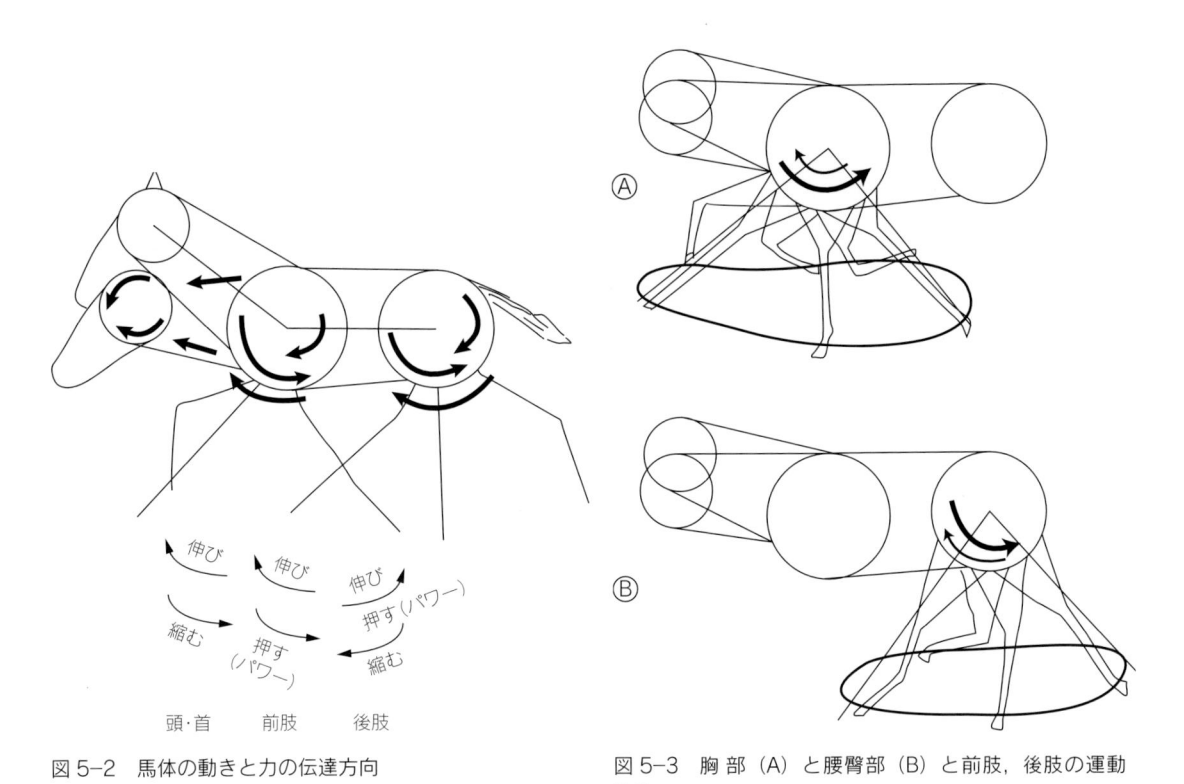

図 5-2　馬体の動きと力の伝達方向

図 5-3　胸部 (A) と腰臀部 (B) と前肢，後肢の運動軌跡

回転すれば前肢が前方に伸び，下向き（逆時計回り）に回転すれば，前肢の振り戻しとキック動作が行なわれる．HP の場合，上向き（時計回り）に回転すれば，後肢が前方へ移動し，下向き（逆時計回り）に回転すれば，振り戻しとキック動作が行なわれる．

　速く走るためには強く有効な推進力が得られるようなパワー発揮動作が必要であり，そのためには，HD，BT，HP の部分の総合的な動きが極めて重要なカギを握ることになる．

　図 5-3 において，BT 部分の動きに前肢の動きを加え，ひづめのつけ根部分の動きの軌跡を描いてみると，**図 5-3A** のようになる．ひづめの上部は，人間の走運動の場合の足首の軌跡と類似しているが，その軌跡は長距離マラソンランナータイプのものといえる．

　また，模式図的ではあるが，前肢全体の動きの中心は，BT の円の中心を要とする扇形の範囲内にあることを説明している．

　一方，HP を中心とした後肢の運動範囲を **図 5-3B** に示した．前肢の場合と同様，後肢のひづめのつけ根部分の運動軌跡はほぼ楕円形であり，人間の走運動の場合の足首位置の運動軌跡と類似している．ただし，後方への蹴りが馬では強く行なわれることから，人間の場合よりもやや後方に平たいかたちの運動軌跡となっている．後肢の場合も，HP の円の中心を要とした扇形の範囲の運動範囲にあることを示している．

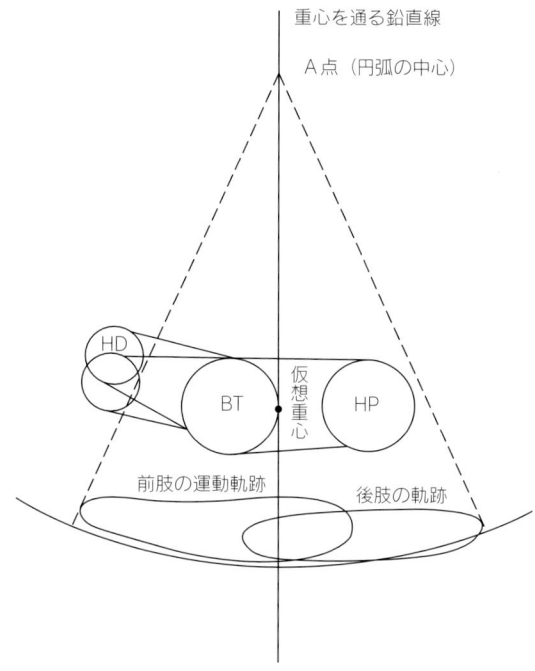

図 5-4 馬の脚の運動軌跡と動きの円弧の中心を示す模式図

先に，カール・ルイス選手が100m走に9秒86の世界新記録（1991年当時）を出した時のトップスピードが得られた60m付近での疾走中の脚の軌跡を示した（**図 2-6**）．

カール・ルイス選手の脚の軌跡図において0点（原点）は，大転子位置を示し，実線は膝，足首，つま先の運動軌跡を示している．特に，足首の運動軌跡は卵型の先をややとがらせたかたちを描いている．

一般に遅いランナーの足首の軌跡は，卵型軌跡の地面に接するカーブは緩やかで，速く走ることのできるランナーのカーブはややきついカーブを示していることが普通である．このことは，遅いランナーでは，地面に対してフラット（平ら）な要素が大きく，速いランナーでは，地面に対して円型に近い要素が大きくなっていることを意味する．

馬の場合も同様で，前肢と後肢の運動軌跡は基本的に円の円弧をたどるかたちであることが望ましいと考えられる．

そこで，前肢と後肢の動きの組合せ（合成された動き）が，円弧上を動くと仮定すると，**図 5-4**のように扇形を描く運動での動きの中心はA点（円弧の中心）ということになる．

馬全体の重心（身体重心）が胴体のやや前肢寄りにあるとすれば，**図 5-4**での重心は，ほぼBTの円弧上に求められる．これを仮想重心とすると，動きの円弧の中心点（A点）は仮想重心を通る鉛直線上に存在

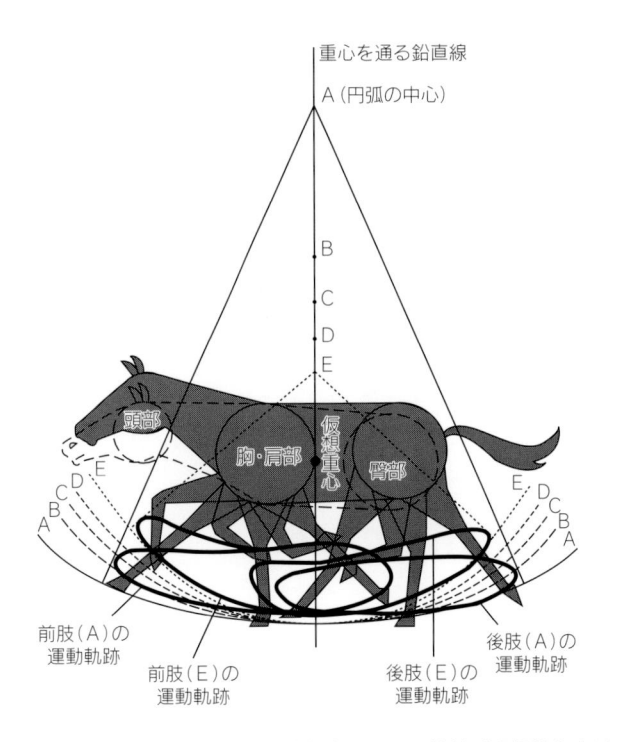

図5-5 前肢円形かき込み型走法と腰の柔軟性（理想的な走りでの前肢と後肢の運動軌跡）

するはずである．このようにして，馬の前肢・後肢の運動軌跡は，重心を通る鉛直線上のA点を中心として描いた円の円周を通る，と表現されることになる．

ところで，人間のスプリント走（短距離全力疾走）では，着地は身体重心の真下に行ない，地面を押す（プッシュ）ことが大切だとされている．これは，科学的研究によってもたらされた結論で，世界一流スプリンターはこうした走技術を実践し，日本のスプリンターも従来から用いてきた走技術を改めて，新しい走技術を身につけ，急速に記録の向上を図ってきている．

この理論を馬の走りにも応用するとすれば，「前肢・後肢ともに重心の真下に近い位置に着地し，ひっかくのではなくプッシュするかたちで，推進力を得ることが理想的」ということになる．このことを理論的に説明するために，図5-5を描いた．前肢，後肢とも重心の真下に近い位置に着地するためには，脚の運動軌跡の改善が必要である．

すなわち，大きく緩やかな円弧上を前肢と後肢が移動する場合（円弧Aの場合）には，着地点は重心から離れた位置となる．一方，カーブがきつい小さな円弧上を前肢と後肢が移動する場合（円弧Eの場合）は，着地点はほぼ重心の真下とすることが可能である．

円弧Aの場合は，脚の運動軌跡となる円弧の中心（A点）は，馬体

から遠く離れた上部の位置にあり，円弧 E の場合は，円弧の中心（E 点）は，馬体に近付いた位置になる．

これらのことは，次のように表現することができる．

①大きな円弧（A）を描く接地（着地）よりも，より小さな円弧を描く接地（着地）が，無駄のないキック力を生み出す．

②小さな円弧（E）に近づけるためには，前肢が高い位置から重心の真下（鉛直線位置）に運ばれること，および後肢はできるだけ前肢側に近づけて接地（着地）することが重要な条件となる（運動軌跡 E）．

③前肢が高い位置から重心の真下に運ばれるためには，前肢の「円形かき込み型走法」が有効であり，後肢ができるだけ前肢側に近づけて接地（着地）するためには，腰の柔軟性が必要となる．

3．人間の走運動動作との比較

人間の走運動の場合には，脚がキック後に前方へ運ばれ，膝が高く引き上げられて振り戻し動作に入るが，この時に下腿をするどく前方へ振り出し，膝がほぼ完全に伸展されて着地に入る「膝伸展着地型」の走法と，下腿の前方への伸展動作を強調せずにやや膝が屈曲したかたちで着地に入る「膝屈曲着地型」の走法とがある．

カール・ルイス選手は，典型的な「膝屈曲着地型」の走法を用いて 100m 走で 9 秒 86（1991 年当時）の世界記録を樹立した．一方，1999 年に 100m 走 9 秒 79 の世界記録を出したモーリス・グリーン選手は，典型的な「膝伸展着地型」の走法を用いている．

日本選手は，1989 年当時から「膝伸展着地型」の走技術を導入して記録を伸ばしたが，走法に無理があり，安定して好記録を出すことができなかった．1991 年の世界陸上選手権大会以後，カール・ルイスの走法を参考に「膝屈曲着地型」の走法を研究して記録を伸ばしてきた．1998 年になると，伊東浩司選手が着地前に下腿を強く前方に伸展させる彼独特の「膝伸展着地型」の走法に改良を加え，骨盤の回転要素を生かしたかたちで，下腿の強い伸展動作をおさえる走法を工夫し，10 秒 00 のアジア記録を樹立した．「膝伸展着地型」では，一般に着地の際のブレーキが大きく，ピッチが遅くなる傾向をもつ．モーリス・グリーン選手は，「膝伸展着地型」の走法のもつ欠点を克服し，体型や独特の前傾姿勢を保ちながら身体重心位置を高く保つ走法の工夫を生かして世界記録を樹立している．

ところで，「膝伸展着地型」と「膝屈曲着地型」の 2 つのタイプのうち，成功したランナーは，いずれも着地点に向かう脚の動きが円の軌跡を描いている．したがって，2 つの走法の違いは，膝を伸展させたまま円弧上を移動させるか，やや膝を屈曲させたまま円弧上を移動させるのかと

いった違いに帰結する．

　通常，膝を伸展させたまま着地しようとすると，よほど重心位置が高く保たれていない限り着地時のブレーキが大きく，脚の運びも円よりは楕円の軌跡を描いてしまいがちである．また，着地時に膝が屈曲して，身体の上下動を大きくしてしまう欠点も生じやすい．

4．馬の走法と前肢の動作タイプ

　馬の走法の場合は，これまで後肢が主たる推進力を生みだし，前肢の推進力を生み出す貢献度については軽視されがちであった．しかし，前肢にも積極的に推進力を生み出す働きを期待することによって，より効果的な走速度の増大がはかられると考えられる．

　馬の場合は，後肢においてすでに「脚伸展動作型」が成立しており，後肢では前肢にみられるような屈曲，伸展動作はみられない．前肢は，従来，体重の支持，進行方向の調整，歩調の調整，バランスの調整などの役割をもつと考えられていたが，積極的に推進力を生み出す働きとしての役割をもっと重要視すべきであろう．

　馬の全力疾走時の前肢の運動動作様式を観察すると大きく2つのタイプに特徴づけられる．すなわち，前肢をするどく前方に伸展させてから着地に向かうタイプと，伸展動作があまり強くないタイプとがある．この前肢の動作特性から，2つのタイプを①「前肢伸展かき込み型」，②「前肢円形かき込み型」と呼ぶことにした．

　人間の走運動の場合と同様，速く走るためには脚の運動軌跡が地面に対して円運動の円弧をたどるかたちになることが理想的である．その意味から，馬の場合は，「前肢円形かき込み型」の運動様式が有利であると考えられる．さらに，後肢の着地点は，腰の柔軟な動作を生かして，できるだけ前肢に近付いた位置になることが望ましい（図5-5参照）．

　ところで，前肢に推進力を生み出す役割をより積極的に担わせるとすれば，前肢の強化，すなわち，前肢胸部の筋力の養成，および「円形かき込み動作」の学習が必要である．坂路調教によって馬力の向上がはかられたことは衆目の一致するところであるが，その要因として，前肢胸部の強化と「円形かき込み動作」による前肢の推進力増大によるものが大きいと考えられる．

　また，「円形かき込み動作」は，いろいろなかたちで学習して身につけることも可能である．例えば，スイムトレッドミルを用いて，水中歩行を行なうことや，環流水槽やウォータートレッドミルを用いて，浅い水深での歩行なども考えられる．また，幼駒の時期から「種々の間隔での低障害飛越」のような運動を行なうことも，神経系のトレーニングとして重要であろう．

終　章
認知動作型トレーニングの発想と手順

スポーツパフォーマンスを高める道筋は多岐にわたるが，認知動作型スポーツトレーニングでは，まず「スポーツ動作の形成」をはかり，その後「パワー発揮能力」や「持久力」を高めるという手順をとる．すでに十分なパワー発揮能力や持久力を有する人では，「スポーツ動作の形成」に立ちかえり，以下の4つのステップを循環する方法をとることがすすめられる．

第1ステップ：良い動作を生み出すための身体の準備と
　　　　　　　身体操作トレーニング
第2ステップ：良い動作を生み出す姿勢バランスと
　　　　　　　力発揮のトレーニング
第3ステップ：良い動作でパワー発揮力と持久力を高めるトレーニング
第4ステップ：良い動作での実践的トレーニング

第1ステップ：良い動作を生み出すための身体の準備と身体操作トレーニング

「良い動作を生み出す身体」とは，動作を行なった時に身体内にスムーズで豊かなエネルギーの流れ（エネルギーフロー）が生じるような身体の状態にあることを意味する．このためには，身体が柔らかさをもっていることが必要となる．ここでいう柔らかさとは，単に身体の関節可動域が大きいといった体力測定上の柔軟性だけではなく，身体を形成する個々の関節や筋群をリラックスさせた状態で可動させることができる能力をさしている．

身体のうち，股関節，骨盤，腰椎が含まれる「体幹下部」および肩甲骨，胸椎，肩関節を含む「体幹上部」の柔らかさは，特に重要である．日本人の多くは，骨盤と肩甲骨の動きの大切さに無頓着であったといえる．また，良い動作を生み出すためには，左右のアンバランスを矯正する必要がある．誰でも右脚と左脚，あるいは右肩と左肩の動きには多少の差異があるが，身体バランスからみて，できるだけ左右のアンバランスは矯正することが望ましい．左右のアンバランスは特に骨盤の動きをともなう股関節や膝の動きに生じやすい．柔らかで左右バランスのとれた身体を作り出すためには，コアストレッチ・ウォーキングや歩きながらの矯正体操を工夫すること，およびスプリント・トレーニングマシンを用いたバランスと歩行動作トレーニングなどが有効である．

身体操作トレーニングは，スプリント・トレーニングマシンを用いたトレーニングの例で示したように，スポーツ動作を成り立たせている基礎図形的な動きをなぞるかたちで，身体を操作することが有効である．このためには，動作イメージを頭に描いて，動きにかかわる神経回路を形成するつもりで筋群や身体部位を動かす必要がある．

スポーツ動作では，自分では「意識」して行なっているつもりでも，他者からみると，その動作ができていないことが多い．スプリント・ト

レーニングマシンのペダルを回転させる動作をとってみても，自分では円を描いてペダルを回転させようとしているにもかかわらず，実際のペダルはスムーズに動いてくれないということが生じる．ペダルの回転は，正しい動作軌跡が描かれた場合のみスムーズに回転するので，いわば「他者の目」の役割をもつことになる．人間の「他者の目」はごまかせても，マシンの「他者の目」はごまかすことができない．そこで，マシンの「他者の目」に合格するように，自分自身の身体を操作するわけである．自分の「意識」と実際の動きには，多くの場合「ずれ」がある．その「ずれ」は，結局「自己感覚のずれ」にあたるわけなので，自己感覚と動作意識とがマッチングするように「修正」していかなければならない．自己感覚と動作意識とがマッチングしない原因には，身体のある部分に堅さやつっぱりがあり，構造的に「感覚的なずれ」が生じている場合や，動作をコントロールする神経回路そのものが未発達なため，神経・筋コントロールルートが適切でない，などの場合がある．

　身体内部のつっぱりはトレーニングによって矯正可能であり，神経回路の形成も可能である．特に，神経回路の修正や形成には脳の働きがかかわることなので，「精神の集中」や「素直な心」といった心理的な要素にも深くかかわってくる．しかし，努力して第1ステップの関門を通過すると，その後は自分でも信じられないようなパフォーマンスの改善がはかられるようになる．

　スプリント・トレーニングマシンの場合には，腰高で美しい走フォームが形成されるようになり，それだけで記録の向上がはかられる．しかし，本格的なパフォーマンスの向上は，その走フォームを身につけてからのトレーニングにかかわっている．

第2ステップ：良い動作を生み出す姿勢バランスと力発揮のトレーニング

　人間の動作や姿勢の保持には，いろいろな反射機構が働いており，それらの多くは，意識にのぼらない水準で自動制御装置のように調整処理されている場合がほとんどである．スポーツは，いわば自分の意志のもとに身体を動かす随意運動によって成り立っているが，それでも意識下では，多くの神経調整処理と統合機能が働いている．いま，これらの筋・神経系にかかわる運動支配のありさまを考えるとおよそ5段階の階層性がある．

　第1段階は，意識のまったく関与しない反射系神経支配機構．
　第2段階は，通常は意識にのぼらない段階の反射系を主としたパターン化した神経支配機構．
　第3段階は，軽く意識化された動作神経支配機構．
　第4段階は，明確に意識化された随意動作神経支配機構．
　第5段階は，意識化された随意動作であるが，なかなか思うように実

行できない動作（いわば見かけ上の随意動作）．

スポーツ動作のトレーニングは，第5段階の動作を第4段階の動作に転化するものであり，さらに第4段階から第3段階の動作へと転化していく過程をたどるということができる．いわば，第5段階は初心者，第4段階は中級者，第3段階は上級者と表現することができるかもしれない．認知動作型スポーツトレーニングは，脳の関与が大きいことから，意識レベルの強さから示せば，第5段階が最も強い努力を必要とし，第4段階，第3段階と意識レベルの水準が順次低くなるように感じられるが，必ずしもそうではない．スポーツパフォーマンスの向上を目指すための最も重要なポイントは，姿勢バランスの取り方にある．例えば，ランニングの際，着地からキックに至る片足接地時の支持足にバランス良く完全に体重を乗せ切ることができれば，ランニングの記録は著しく向上する．多くの選手は，接地足にバランス良く体重を乗せ切ることができずに，無駄なエネルギーを費やしながら走っている．高速のランニングで，完全に体重を接地足に乗せ切ることができれば，体重そのものがキック力に生かせて，推進力を有効に生み出すことができる．ランニングに限らず，完全片足加重の姿勢バランスは，すべてのスポーツに共通する重要事項である．この姿勢バランスは，基本的には第1段階の姿勢反射系神経支配機構にコントロールされており，完全片足加重の姿勢バランスをとろうとすれば，第1段階の神経支配機構と上手にマッチングした随意動作を行なう必要がある．すなわち，ランニング中の完全片足加重を実現させるためには，「上位中枢」の指令だけではなく，「下位中枢」からの信号を敏感に感知しなくてはならない．筋紡錘やゴルジ腱器官から発せられているであろう筋や腱の感覚を頼りに，姿勢バランスをとるトレーニングをする必要がある．

スプリント・トレーニングマシンで動きながらの「完全片足加重」トレーニングは，こうした感覚器官からの信号と脳からの随意運動指令をマッチングさせるためのトレーニングとして極めて重要であり，いわば最も高次な神経支配機構を形成するものであるといえる．姿勢バランスが上手にとれるようになれば，そのバランスを崩さないかたちでの力の発揮トレーニングに入る．多くのランナーは，実際のランニングで姿勢バランスの崩れもかまわず，強力な筋力発揮によって推進力を生み出そうとしているが，力の方向が分散してしまっているため，たくましい筋肉質の身体をしているわりには，推進力が小さいという結果になりかねない．力の発揮を姿勢バランスにあわせて行なうことで，動作効率は飛躍的に向上する．

認知動作型トレーニングマシンのうち，ストラッグル・格技型トレーニングマシンなどは四股動作を構えの動作として筋力トレーニングを行なう．投球・投擲型マシンなどの肩関節トレーニングマシンや，ゴルフスウィングマシンも，筋力発揮を行なう場合の姿勢バランスをトレーニ

ングすることを意図している．

第3ステップ：良い動作でパワー発揮力と持久力を高めるトレーニング

　良い動作の基本トレーニングができたら，次はパワーの発揮能力を高めることである．スプリント・トレーニングマシンで第1，第2ステップができたら，第3ステップとして，車軸移動式自転車型スプリントパワートレーニングマシンを用いて，脚パワーおよび体深筋のパワーアップをはかる．繰り返し自転車ペダリングを行なうことによって，持久力も向上する．従来のフリーウエイトを用いた筋力づくりやトレーニングマシンを用いたトレーニングを併用することによって，認知動作型トレーニングマシンの利用価値が高まる．それは，従来のマシンでは，「良い動作」でのトレーニングができないからである．パワーアップは「良い動作」で行なうことが効率的である．

　グラウンドのランニングでは，ジョッグから全力疾走まで，良い動きを保ってトレーニングすることが大切である．最大努力で走った時は，つい「昔の走り」になってしまうので，最大努力の走りでも「良い動作」で走れるように繰り返しトレーニングする必要がある．

第4ステップ：良い動作での実践的トレーニング

　認知動作型トレーニングでトレーニングした結果は，直ちにパフォーマンスの向上を導く即効性の効果があるが，改善された動作で実践的トレーニングを積んでいくことによって，トレーニング効果が着実なものとなる．しかし，実践的トレーニングを安易に行なっていくと，いつしか昔の動作に戻ってしまうこともある．したがって，第1ステップから第4ステップを常に心がけてトレーニングを進めることが望ましい．

　認知動作型トレーニングの良い点は，スポーツ障害の予防にも役立つことである．基本的な動作の組み合わせから構成されている「良い動作」の身体操作法によって，身体に無理な力がかからずに，身体への負担が少ないスポーツ動作が身につくからである．スポーツ障害が予防できれば，それだけでもスポーツパフォーマンスに対するトレーニング効果が反映できる．また，トレーニングにかける時間も少なくて効果が上がることも特徴的である．「良い動作」は，脳の働きと深くかかわることから，認知動作型トレーニングは，まだ動作のくせがかたまっていない中学・高校生の時から行なうことが，より効果的であると思われる．

参考・引用文献

1) 日本陸上競技連盟強化本部バイオメカニクス研究班編（佐々木秀幸，小林寛道，阿江通良　監修）：世界一流陸上競技者の技術．第3回世界陸上競技選手権大会バイオメカニクス研究班報告書，ベースボールマガジン社，1994．

2) 阿江通良，鈴木美佐緒，宮西智久，岡田英孝，平野敬靖：世界一流スプリンターの100mレースパターンの分析―男子を中心に―．前出文献1，14-28，1994．

3) 阿江通良，中田和寿，榎本靖士，横澤俊治，窪　康之，山田　哲：一流スプリンターの下肢における力学的エネルギーの変化．平成11年度日本オリンピック委員会スポーツ医・科学研究報告 NoⅡ　競技種目別競技力向上に関する研究．第23報　陸上競技，123-125，2000．

4) 伊藤　章，斉藤昌久，佐川和則，加藤謙一：ルイス，バレルと日本トップ選手のキック・フォーム．JJSS，11：604-608，1992．

5) 伊藤　章，斉藤昌久，佐川和則，加藤謙一，森田正利，小木曽一之：世界一流スプリンターの技術分析．前出文献1，31-49，1994．

6) 伊藤　章，市川博昭，斉藤昌久，佐川和則，伊藤道郎，小林寛道：100m中間疾走局面における疾走動作と速度との関係．体育学研究，43：260-273，1998．

7) 小田伸午：身体運動における右と左．京都大学学術出版会，1998．

8) 狩野　豊，高橋英幸，森丘保典，秋間　広，宮下　憲，久野譜也，勝田　茂：スプリンターにおける内転筋群の形態的特性とスプリント能力の関係．体育学研究，41：352-359，1997．

9) ディンティマンG，ワードB，テレズT（小林寛道　監訳）：スポーツスピードトレーニング．大修館書店，1999．

10) ジョンH．ウォーフィル（矢谷令子，小川恵子　訳）：図説筋の機能解剖　第4版．医学書院，2000．

11) 福永哲夫：身体運動の成績に影響する筋腱複合体の振る舞い．体育の科学，51：12-20，2001．

本書に関連する論文・著作等

12) 小林寛道：スプリントトレーニングマシンの開発・発明．JJSS，15：291-296，1996．

13) 小林寛道：100メートルをより速く走る～身体運動のダイナミクス．小林康夫，船曳建夫　編，新・知の技法．183-198，東京大学出版会，1998．

14) 小林寛道：レースウォーキングの新技術論とその応用～「コア・ストレッチ・ウォーキング」への発想．体育の科学，48：561-566，1998．

15) 小林寛道：海外の国際レースで勝てる内国産馬づくりへの提言．JRA

軽種馬生産育成技術推進研究会（座長　中島英男），提言解説書「国際レベルの競走で活躍するウマづくりをめざして」，83-99，1999．
16) 小林寛道：改訂「学習指導要領」の内容．小学校・陸上運動．学校体育，52：50-53，1999．
17) 小林寛道：陸上競技のサイエンス　短距離走．連載①〜⑦月刊陸上競技，1999〜2000．
18) 小林寛道：グッズ開発のコンセプト．体育の科学, 50：45-48, 2000．
19) 小林寛道：馬の走法の改善．体育の科学, 50：606-611，2000．
20) 小林寛道：体幹筋群のマシントレーニング法．体育の科学, 51：452-456，2001．
21) 小林寛道：走る科学．大修館書店，1990．
22) 小林寛道　監：スポーツ・ウォーキング．大修館書店，1994．
23) 小林寛道，春山国広：おもり体操エクササイズ．アイオーエム，1994．

著者略歴

小林　寛道（こばやし　かんどう）

東京大学名誉教授
東京大学大学院総合文化研究科教授（1990～2006年）
東京大学大学院新領域創成科学研究科付属
「生涯スポーツ健康科学研究センター」初代センター長

1943年生まれ
東京大学教育学部体育学健康教育学科卒
東京大学大学院教育学研究科修士課程修了
教育学博士（論文提出による）

日本陸上競技連盟科学委員会委員長（1989～2003年）
（社）日本体育学会会長（2005年～）

主な著書
「日本人のエアロビックパワー」杏林書院，「高齢者の運動と体力」朝倉書店，「メキシコの子どもの体力と生活循環」名古屋大学出版会，「走る科学」大修館書店，「運動神経の科学～誰でも足は速くなる～」講談社現代新書など．

2001年11月22日　第1版第1刷発行
2006年 8月10日　　　　　第2刷発行

ランニングパフォーマンスを高めるスポーツ動作の創造
定価（本体2,100円＋税）　　　　　　　　　　　　　　　　検印省略

　　　　　　　　　　著　者　小林　寛道
　　　　　　　　　　発行者　太田　博
　　　　　　　　　　発行所　株式会社 杏林書院
　　　　　　　　　　〒113-0034　東京都文京区湯島4-2-1
　　　　　　　　　　Tel　03-3811-4887（代）
　　　　　　　　　　Fax　03-3811-9148
© K. Kobayashi　　　　http://www.kyorin-shoin.co.jp

ISBN 4-7644-1049-4　C3047　　　　　　三報社印刷／川島製本所
Printed in Japan

・本書の複製権・翻訳権・上映権・譲渡権・公衆送信権（送信可能化権を含む）は株式会社杏林書院が保有します．
・**JCLS**＜（株）日本著作出版権管理システム委託出版物＞
　本書の無断複写は著作権法上での例外を除き禁じられています．複写される場合は，その都度事前に（株）日本著作出版権管理システム（電話03-3817-5670, FAX 03-3815-8199）の許諾を得てください．